남자 50,
다시 살며
사랑하며
배우며

일러두기

이 책은 2014년 1월부터 12월까지 〈아시아경제〉에 '100세 시대, 남자가 사는 법'이라는 제목으로 연재한 글을 수정하고 추가 집필했습니다. 단행본 출간은 〈아시아경제〉의 동의를 얻었습니다.

남자 50,
다시 살며 사랑하며 배우며

초판 1쇄 발행 2015년 10월 12일
초판 2쇄 발행 2015년 11월 10일

지은이 최창환

펴낸이 김찬희
펴낸곳 끌리는책

출판등록 신고번호 제 25100-2011-000073호
주소 서울시 구로구 경인로 55 재도빌딩 206호
전화 영업부 (02)335-6936 편집부 (02)2060-5821 팩스 (02)335-0550
이메일 happybookpub@gmail.com

ISBN 978-89-90856-97-5 03190
값 13,000원

남자 50,
다시 살며
사랑하며
배우며

최창환 지음

끌리는책

다시, 새로운 시작을 위하여

해남 땅끝 마을. 아내, 군대에 갈 아들과 함께 겨울 휴가를 왔다. 육지의 끝이라서 땅끝이다. 전망대에 오르면 땅끝을 노래한 시비가 많다. 한 편의 시에 가슴이 울린다. 고은 시인의 '땅끝'이다.

> 땅끝에 왔습니다
> 살아온 날들도
> 함께 왔습니다
>
> 저녁 파도소리에
> 동백꽃 집니다

그렇구나. 살아온 날들도 짊어지고 다니는 게 인생이구나. 새삼 느낀다. 짧은 시구에 삶의 여정이 배어 있다. 여기저기 떨어진 붉은 동백꽃이 애처롭다. 삶이 무거운 이유는 지나온

날들을 짊어지고 다니기 때문이다. 얼굴의 주름에, 뭔가를 갈
망하는 눈동자, 머리, 가슴에도 지나온 삶이 숨어 있다. 추억,
미련, 상처, 영광, 자랑, 업보로.

　땅끝 전망대의 아침은 바다 안개로 덮였다. 뿌연 해무에 햇
살이 희미하다. 기대했던 바다 풍광은 보지 못했다. 그래도
아침이다. 새로움이 넘친다. 어둠 속에 잠겨 있던 사물들이
자신을 드러내기 시작한다. 이슬을 머금은 동백꽃, 후박나무,
소나무, 바다, 안개 속의 섬까지. 잠들었던 새들도 깨어나 웃
음을 터뜨린다. 밤의 끝은 아침이고, 아침은 시작이다. 바다
를 향하면 땅끝인데 바다를 등지면 땅의 시작이다. 여기가 우
리 땅의 시작이다. 끝이 곧 출발점이다.
　은퇴도 끝이 아니라 시작이다. 시 '땅끝'을 '땅시작'으로 뒤
집어보았다.

　　땅시작에 왔습니다
　　살아갈 날들도
　　함께 왔습니다

아침 햇살 비추니

동백꽃 핍니다

은퇴는 영어로 '리타이어(retire)'다. 타이어를 바꿔 끼고 새 출발을 하는 게 은퇴다. 인생이 끝나는 게 아니라 인생 2막의 출발점이다. 새로운 인생의 막이 오른다.

새 인생을 시작하려면 끝을 시작으로 바꿔야 한다. 말로만 되는 게 아니다. 끝없이 과거에 머물러서는 새 인생을 시작할 수 없다. 내려놓기가 선행되어야 한다. 타이어를 바꿔 끼우려면 낡은 타이어는 내려놓아야 하기 때문이다. 그래야 새 인생이 새 바퀴를 달고 굴러간다. 살아온 날들을 내려놓아야 한다. 쉽지 않다. 주름살 속부터 가슴까지 여기저기 숨어 있고 붙어 있다. 찾아내기도 어렵고 떼어내기는 더 어렵다. 무엇을 내려놓고 무엇을 가지고 가야 할지도 모르겠다.

고은 시인의 다른 시 '그 꽃'에서 답을 구해본다.

내려갈 때 보았네

올라갈 때 못 본

그 꽃

'비움'과 '내려옴'을 떠올린다.

산에 오르면 서로 자신이 가져온 음식물을 내놓는다. 배낭을 비운다. 자기 음식을 지키고 남의 음식을 더 챙기는 사람은 없다. 더불어 베푼다. 비워야 가볍고 내려가기도 좋다. 욕심이 차 있으면 내려올 때에도 꽃을 보지 못할 수 있다. 욕심, 미련, 집착 따위를 버리라는 말로 들린다. 마음이 비워져야 내려올 때 꽃을 본다.

'내려옴'은 좋은 일이다. 우리나라의 모든 산에는 계곡이 있고 물이 흐른다. 물은 항상 흘러내린다. 낮은 곳을 좋아한다. 노자는 '상선약수(上善若水)'라고 했다. 최고의 선은 물과 같다는 뜻이다. 물이 만물을 적시고 이롭게 할 수 있는 근원은 내려가는 성질 때문이다. 수증기가 되어 한번 하늘에 오른 다음엔 늘 내려가기만 한다. 내려가기 때문에 모든 것을 적실 수 있다.

다시 시작하기 위해 내려놓고, 비우고, 내려갈 수 있다면 그나마 행운이다. 삶을 살기보다는 삶에 쫓기는 사람이 태반이기 때문이다. 쫓겨서 아등바등 오르거나, 쫓겨서 떨어진다. 짊어진 짐의 무게에 눌려 있다. 가족의 생계, 가장으로서의 체면, 책임감 등이 주된 이유다. 쫓기지 않으려면 나를 몰아

대는 것들과 결별해야 한다. 쉽겠는가. 가족을 이유로 그렇게 살았다면 불가능할 수도 있다.

인생 2막을 잘 살려면 그렇다는 얘기다. 내려놓지 않고 비우지 못하고 삶에 쫓겨도 인생 2막은 새로운 희망이다.

> 황새는 날아서
> 말은 뛰어서
> 거북이는 걸어서
> 달팽이는 기어서
> 굼벵이는 굴렀는데
> 한날한시 새해 첫날에 도착했다
>
> 바위는 앉은 채로 도착해 있었다
> — 반철환, '새해 첫 기적'

사람은 오래전부터 시간을 나누는 지혜를 활용해왔다. 시간을 쪼개서 새로 시작할 수 있는 용기와 희망을 만들었다. 시인이 말하듯 새해의 희망은 모두에게 기적처럼 함께 찾아온다. 새로운 삶을 더 준 100세 시대의 2막을 기적의 새 출발로 삼으면 될 일이다. 준비하기 어려우면 그냥 리셋하면 된다. 그래도 희망으로 2막을 시작할 수 있다.

> 지금 알고 있는 걸 그때도 알았더라면
> 내 가슴이 말하는 것에 더 자주 귀 기울였으리라
> (······)
> 진정한 아름다움은 자신의 인생을 사랑하는 데 있음을
> 기억했으리라
> (······)
> 분명코 더 감사하고
> 더 많이 행복해했으리라
> 지금 내가 알고 있는 걸 그때도 알았더라면

청소년 문제 전문가로 세계적인 베스트셀러 《십대를 위한 영혼의 닭고기 수프》의 저자인 킴벌리 커버거(Kimberly Kirberger)의 시 '지금 알고 있는 걸 그때도 알았더라면'이다. 청소년들에게 교훈을 주는 시를 읽으며 스스로 자문해본다. 알지? 뭐가 중요하고 뭐가 허상인지. 알고 있지? 뭔가 잘못해서 후회하는 것보다 안 해본 걸 후회한다는 것을. 머리보다

가슴이 중요하다는 것을 잊지 않았지?

올 한 해도 인생 1막도 쏜살같이 지나간다. 삶에 쫓기는 것인지, 내 인생을 즐기는 것인지 알쏭달쏭하다. 앞으로는 내 인생을 사랑하고 즐겨서 인생 2막의 끝판까지 행복해야겠다고 다짐해본다.

모든 끝은 또 다른 시작이다.

* 흔쾌히 출간을 허락해준 〈아시아경제〉 최상주 회장님과 이세정 사장님께 감사의 인사를 드립니다.

3. 달려온 시간? 이제부턴 걸으며 딴짓할 시간!

4. 인생 100년, 아직 50년이나 남았네!

1.

벌써 50년을 살았다고?

살아남자,
죽어 남자(男子)

○
○ ○
○ ○
○ ○
○

　　　　　　　　　　　　　베이비붐 세대 남성들은 미
지의 탐험을 시작하고 있다. 100세 시대를 살아내야 한다. 대
부분은 경험도 장비도 없이 사막 또는 밀림 속에 홀로 버려진
조난자 신세다. 부모 봉양과 자식 부양은 무한책임이고, 노후
는 스스로 해결해야 한다.

　성장은 멈춰 있고 복지는 미흡하다. 돈도 없고 건강에 자신
도 없다. 가장의 권위는 사라졌다. 놀 줄도 모른다. 비빌 언덕
이 없다. 그러나 어려울 때 '내일은 해가 뜬다'며 희망을 간직
한 세대다. 문제는 남자다. 아이들과 아내는 이미 독립했다.

아버지의 품, 남편의 울타리를 벗어나 자신들의 성을 쌓고 독립했다. 대한민국 중년 남자들만이 폐허가 된 가부장제도의 무너진 성곽을 외롭게 지키고 있다.

자식들은 이미 문화적으로 독립했다. 청소년의 음악, 게임, 문화, 언어를 알아듣고 이해하는 아버지가 얼마나 되는가? 음악평론가 강헌은 "1950년대 로큰롤은 세계 역사상 10대들이 그들의 부모로부터 문화적으로 독립한 최초의 사건"이라고 평했다. 우리의 아이들은 이제 독립소국을 넘어 거대한 독자적 왕국을 형성하고 있다. 음반회사들은 세계의 청소년들에게 조공을 바치면서 이익을 취하는 데 골몰하고 있다.

당신의 아내인 여자는 지구상의 생물 중 최초로 유전자로부터 독립했다. 축구팀(11명)을 꾸리면 어지간히 낳았다고 하고, 농구팀(5명) 정도는 기본이었다. 유전자가 시키는 대로 아이들을 힘닿는 만큼 낳던 시절이 불과 수십 년 전이다. 피임을 통해 유전자로부터 독립한 최초의 생물체로 우뚝 선 게 바로 여성이다. 결혼을 하지 않는 삶의 형태로 미혼이 아닌 비혼(非婚)을 선택하는 여성도 많다. 여성들은 독립의 여세를 몰아 수만 년을 지속해온 부계사회를 구석구석까지 무력화하고 있다.

중년 남자들은 아직도 세상이 바뀐 줄 모르고 있다. 동물적 충동과 가부장적 권위주의에 물들어 있다. 어떻게 살아남을지 걱정이다. 게다가 수명도 길어졌다. 100세 시대란다. 자칫하다간 한 방에 '훅' 갈 수 있다. 내 얘기다. 권위는 사라지고 의무만 남아 있다. 배우 이미숙은 TV방송 연기대상 시상식에서 갓 유부남이 된 지성을 보면서 "나 잘생긴 남자 좋아해"라고 스스럼없이 말한다. 과거 성에 억눌렸던 여성의 모습이 아니다. 더구나 요즘은 여성이 성을 드러내면 진솔하다고 칭송하는 분위기다. 하지만 남자가 속내를 드러내면 치근거린다고 비난받기 십상이다. 이게 요즘 세태다. 다 이유가 있다. 사실상의 모계사회로 넘어가는 과정이기 때문이다. 엘비스 프레슬리는 '하운드 도그'(해석하자면 침을 질질 흘리고 다니는 '껄떡남' 정도가 되겠다)라는 노래를 불러 크게 히트시켰다. 지금은 이효리나 소녀시대가 '껄떡녀'라는 노래를 부르면 히트할 게 분명하다.

〈대부〉는 남성성을 가장 잘 드러내는 영화다. 첫 장면이 아버지 돈 코를레오네에 대한 존경에서 시작되어 마지막 장면이 아들 마이클 코를레오네에 대한 충성으로 끝난다. 말론 브란도가 죽고 알 파치노로 이어진다. 자연스러운 생물학적 흐름이다. 2차 세계대전 직후가 영화의 배경이다. 지금은 다르다. 세상이 바뀐 데다 수명까지 길어졌다. 경험해보지 못한 새로운 시대가 열린다. 평균수명이 얼추 30년가량 길어졌다. 30년이란 시간은 어떤 의미인가. 한마디로 알렉산드로스 대왕이 태어나 성장하고, 유럽과 북아프리카 근동의 세계를 통일하여 헬레니즘 문화를 이룩한 시간이다. 알렉산드로스는 서른세 살에 죽었다.

〈대부〉를 지금 상황에 맞게 다시 찍는다면 여성과 아이들의 향상된 지위, 늘어난 수명, 쪼그라든 아버지의 위상 등을 다시 고려해야 한다. 아니 이 모든 것을 고려하면 〈대부〉는 있을 수 없는 영화다. 그냥 남자들의 향수일 뿐이다. 특히 대한민국에서. 40대, 50대 아버지들은 앙상한 가지만 남은 권위의 나무에 책임과 과제만을 주렁주렁 매달고 있다. 말론 브란도가 대한민국의 아버지가 된다면 로댕의 생각하는 사람이 될지 뭉크의 절규하는 주인공이 될지 모를 일이다. 건강, 돈, 일자리, 여가, 관계(가족, 친구) 등등 걱정은 많고 준비는 미흡한 게 현실이다.

그렇다고 기죽지 말자. 청년기인 20대가 시작되었을 때를 생각해보자. 지금 나이가 50이고 앞으로 30년을 더 살 수 있다면 20대부터 지금까지 살아온 만큼의 시간이 더 남아 있다는 얘기다. 그동안 당신은 더 현명해졌는가, 아니면 어리석어졌는가. 인생을 잘 알게 되었는가, 아니면 오히려 더 알 수 없다고 느끼는가. 40대, 50대가 '질긴 꼰대'가 될지 '지혜로운 젊은이'가 될지는 스스로의 선택에 따라 달라진다. 준비하면 된다. 달라지고 길어진 삶에 대처하기 위해서는 개인이 스스로 할 일과 공동체가 함께 준비해야 할 일이 있다. 늦었다고 생각했을 때가 가장 빠른 때다.

남은 인생을 부담으로 느낄지, 즐기며 살지는 나의 선택에 달려 있다. 각질이 된 껍데기는 버리고 달콤한 앙금을 찾자. 행복한가? 늘 행복한 건 아니지만, 가끔은 행복하면 되지 않을까? 새로운 여정에 도전하고 함께 가보자. 피카소는 "젊어지는 데 오랜 시간이 걸렸다(It takes long time to be young)"고 말했다. 칠순에 10대 여성을 사랑한다고 쫓아가서 결혼까지 한 사람이니 그럴 만하다. 우리는 피카소보다 육체는 아직 더 젊다. 마음을 다잡자. 준비하면 될 일이다. 그래 얘들아, 그리고 마누라, 니들 독립했어? 내가 바라던 바다. 까이꺼!

감사 리스트
있습니까?

° ° ° ° ° ° ° °

서점에서 책을 고르고 있었
다. '관계는 많고 친구는 적다'는 구절이 눈에 들어왔다. 많은
사람을 알고 바쁘게 뛰어다녔는데, 주변에 사람은 없고, 외롭
다는 생각이 들 때가 있다. '그래, 관계는 많고 친구는 적지'
라고 공감한다.

세종시로 위문공연(?)을 온다던 친구들 중 몇 명만이 들렀
을 뿐이다. 전화 통화를 하거나 서울에서 만날 때면 "보러 가
야 하는데 미안하다"고 한다. 처음에는 '조금' 섭섭했는데 지
금은 그렇지 않다. 돌이켜보니 받는 데 익숙하고 주는 데 인

색했다. 친구들이 지방 근무를 할 때 돈과 시간을 들여 찾아
간 경험이 거의 없다. 아니 미안해하지도 않았다. 미안해하는
친구들에게 도리어 미안하다.

"은혜는 돌에 새기고 원수는 물에 새긴다"는 옛말이 있다.
반대로 하면 본인만 피곤하다. 《알리바바와 40인의 도적》에
서 램프의 요정 지니가 그랬다. 램프 속에서 변덕이 죽 끓듯
했다. 꺼내주는 사람에게 보답하겠다고 생각하다가 시간이
흐르자 꺼내주는 사람을 혼내주겠다고 맹세한다. 그러다가
다시 램프 속으로 들어가는 곤욕을 치르고 나서야 은혜를 갚
는다. 곰곰이 생각해봤다. 관심, 격려, 애정, 지원 등등 받기
만 하고 보답하지 못한 '관계'가 수두룩했다. 내가 섭섭한 일
보다 지인들이 나에게 섭섭할 일이 훨씬 많았다. '아! 내가 램
프 속의 지니였구나' 하고 반성한다.

감사 리스트를 만들기로 했다. 내가 필요할 때 옆에 있어준
사람들, 그들이 필요로 할 때 내가 옆에 있어주기 위해서 감
사 리스트를 만들자. 필요 여부를 떠나 인간적으로 감사를 표
시할 방법을 찾아보기로 했다. 일단 목록부터 만들자. 가까운
곳에서 시작하자. 나에게 섭섭해하는 친구가 있으면 먼저 풀
어줘야겠다고 생각한다.

감사 리스트는 버킷 리스트(Bucket List)에서 아이디어를 따왔다. 버킷 리스트는 죽기 전에 꼭 하고 싶은 일을 적은 목록이다. 영화 〈버킷 리스트〉는 '우리가 인생에서 가장 많이 후회하는 것은 살면서 한 일이 아니라 하지 않은 일'이라는 메시지를 준다. 40대에서 60대 초반의 신중년에게 버킷 리스트는 너무 빠르다는 생각이다.

죽음을 눈앞에 두고 남은 삶을 후회 없이 살려는 사람들에게 적당한 것이 버킷 리스트다. 정 버킷 리스트를 만들고 싶으면 감사 목록을 함께 만들어야 한다고 판단했다. 중년에게는 죽음을 준비하기에는 아직 남은 날이 너무 많기 때문이다. 죽음을 앞두고 병실에서 만난 에드워드 콜(잭 니콜슨)과 카터 체임버스(모건 프리먼)는 서로 다른 점이 아주 많다. 사업가로 성공했지만 일만 하고 인생의 재미를 모르는 에드워드. 가족을 부양하기 위해서 자신의 꿈을 포기해야 했던 카터. 죽음을 앞둔 이들은 의기투합하여 버킷 리스트를 만들고 세계여행을 떠난다. 두 사람은 여행을 통해 자신을 찾고 후회 없는 삶을 마치기를 기대한다. 영화 〈버킷 리스트〉의 줄거리다.

"인생의 기쁨은 찾았어?"

"네 인생이 다른 사람에게 기쁨을 주었어?"

"인생이란 나를 제대로 알아주는 사람이 있느냐는 거지."

두 사람이 던진 대사들이다. 이들은 여행을 하면서 진정으로 원한 것은 돈으로 산 여행이 아니라는 것을 깨닫는다. 가족 그리고 친구와의 진실한 관계가 인생의 기쁨이다. 헤어진 딸, 틀어진 친구와 관계를 회복하는 것이 두 주인공이 죽기 전에 꼭 하고 싶은 일이었다. 감사 리스트와 별반 다르지 않다.

감사 리스트도 관계 회복이란 점에서는 마찬가지다. 그러나 앞으로 긴 인생을 살아갈 중년들에게는 실용적인 면도 크다. 인생 전반전을 끝내고 후반전에 들어가는 데 꼭 필요한 작전지도일 수 있다. 인생 2막을 공격적으로 살지, 수비 위주로 살지는 개인의 선택에 달려 있다. 전반전에는 정신없이 살았다. 눈앞의 것을 위해 달리고 달리다 보니 주변 사람을 살펴보지 못했다. 사람(人)은 서로 기대어 산다. 한숨 돌려야 한다. 후반전 여정을 함께할 동반자를 살펴보고 감사하는 마음을 갖는 게 필요하다. 생각해보면 고마운 사람이 무척 많다.

그래도 친구 몇은 손을 좀 볼 계획이다. 위문공연을 못 온 것을 무척 미안해하는 친구가 있다. 이 친구는 지방에서 4년 동안 근무할 때 '찾아와준 친구가 진정한 친구'라며 소식 없는 친구들을 야단쳤다. 돌아온 뒤에도 이를 빌미로 술을 많이 얻어먹었다. 나는 갔었다. 손봐줘야 한다. 그렇지 않으면 물렁뼈 취급당한다. 약간의 뒤끝이 필요하다. 찾아가서 혼내주는 '뒤끝 끝판왕'은 아니더라도 기회가 닿으면 한번 혼내줘야 한다. 이게 감사 리스트와 버킷 리스트의 차이다. 통풍 때문에 맥주를 마시면 안 되는 친구다. 다음에 만나면 치킨에 소맥을 먹일 생각이다.

'엘사'가 넘치는
대한민국

남자는 상머슴만 남았다.

영화 〈겨울왕국〉이 2014년 아카데미 장편 애니메이션 상과 주제가 상을 받았다. 단순히 영화제작자와 작곡가에게 주는 상이 아니라는 생각이 들었다. '올 게 왔다!' 〈겨울왕국〉은 여성에 대한 남성의 항복 선언, 여성 시대에 대한 헌정이다. '렛잇고(Let it go)'는 여성의 승리 행진곡이다. 할리우드는 문학, 신화, 음악, 미술, 과학, 기술 등 모든 것을 녹여낸다. 영화는 종합예술 상품이다. 이 판의 주류는 마초다. 여주인공은 대부분 말썽꾸러기다. 도망가다 넘어진다. 뜬금없는 오해로 남자 주인공을 곤경에 빠뜨린다. 좋은 남자 만나 팔자 고치는 '신데렐라 콤플렉스'를 팔아먹기에 여념이 없었다. 그런 할리우드가 이제 디즈니를 통해 '주체적인 여성'의 손을 들어준 것이다. '이제는 당신들 세상'이라고.

엘사는 노래한다. "아 놔!(let it go!), 착한 소녀는 더 이상 없어. 나 눈부신 이 겨울왕국에서 살 거야." 아이들이 부모 말 안 듣고 "내 뜻대로 살래"라고 외치는 영화는 부지기수다. 대부분 남자아이들이 나서고 여자아이들은 "맞긴 한데"라고 주저하다 따라나선다. 〈이유 없는 반항〉의 제임스 딘을 기억하면서 여주인공은 기억하지 못하는 이유다. 〈겨울왕국〉은 거꾸로다. 엘사와 안나 두 자매만 있을 뿐이다.

미국 여성 저널리스트 해나 로진은 "여성의 지배가 시작됐다"고 선언했다. 책 제목이 《남자의 종말(The End of Men)》이다. 〈겨울왕국〉에서 남자는 끝났다. 나쁜 남자라고 해봤자 왕위를 노리는 찌질한 왕자와 돈만 밝히는 상인이다. 어리숙한 얼음장사와 눈치 보는 집사가 착한 남자다. 엘사와 안나 두 공주의 힘과 사랑으로 모든 어려움을 극복한다. 여자의 운명을 결정했던 왕자님의 키스와 유리구두는 사라졌다. 드림웍스가 〈슈렉〉에서 못생긴 공주님을 통해 신데렐라 콤플렉스에

반기를 든 후에도 남성 중심주의를 고수했던 디즈니가 드디어 항복했다.

디즈니의 항복 선언에 한국이 천만 관객으로 환호한 것은 우연이 아니다. 이미 수많은 엘사와 안나가 진군하고 있었기 때문이다. 한국 여자는 골프도 잘 치고 스케이트도 잘 탄다. 사법고시, 행정고시, 외무고시 수석과 상위 성적을 여성들이 이미 점령했다. 이제 별다른 뉴스거리도 못 된다. 사관학교 수석도 여학생 차지일 때가 많고, 학군단(ROTC) 1등도 여대 학군단이 차지한다. 기자 시험도 마찬가지다. 대통령 자리만 여성에게 넘겨준 게 아니다. 여성들은 오래전부터 준비해왔다.

우리가 들고 있는 가부장제의 깃발은 찢어져 흘러내린다. 성문 앞에는 여성군단이 '가모장제'의 깃발을 들고 '렛잇고'에 발맞춰 행군하고 있다. "모계사회가 왔다는 증거야." 영화관을 나서는 나의 독백에 대학 졸업반인 아들이 픽 웃는다. "여자애들 진짜 열심히 해요"라는 말로 동의한다. 젊은이들은 당연하게 받아들인다. 해나 로진은 여성이 약진한 이유로 섹스에 주도적인 여성의 등장과, 힘보다 의사소통 능력과 집중력이 필요한 서비스 산업으로의 경제 환경 변화를 들었다. "남자는 변화하기를 거부하며 종말을 재촉한다"라고 분석했다.

중년 남자들의 분석은 영 시원찮다. 몇 명이 모였을 때 여성이 약진하는 이유를 분석해보았다. 드라마 작가 대부분이 여자라 드라마가 여성 편향적인 영향을 주었다는 설명, 내신을 중시하는 입시제도가 여학생에게 유리하다는 분석, 아줌마들이 "고놈 고추 참 이쁘다"며 만져도 가만히 있다 보니 물건이 고추로 비하됐다는 이야기도 나온다.

그러다 보니 민망한 일이 자꾸 벌어진다. 국방부, 육사, 공사, 세 곳에서 같은 뉴스가 동시에 터져 나왔다. 수석 졸업자를 뽑는 방법을 바꾸고, ROTC 1등 학교를 뽑지 않겠다는 내용이다. 체력을 중시하는 쪽으로 평가를 바꾼다는 후속 기사가 나왔다. 여성이 남성을 앞서는 게 불안하다. 군인 탓할 일이 아니다. 영업이나 취재는 남자가 유리하다는 이유로 기업과 신문사도 비슷한 일을 해왔다. 의사결정에 참여하는 사람들은 중년 남성이 대부분이다. 의견 일치가 어려운 앙숙들도 맞장구를 치며 동조한다. 남성 중심 사회가 무너지는 데 따른 불안감이 똬리를 틀고 있다.

나도 맞장구치며 이런 일을 함께했다. 남자로 태어나 살아왔고 아들만 둘이니 당연하다. 그런데 서로 힘들다. 힘으로 누르면 튕겨 나오는 힘이 그만큼 더 큰 법이다. 여성들은 직장에서 유리천장에 가로막혀 어렵고, 가정과 직장을 병행해야 하는 슈퍼맘 신드롬으로 괴롭다. 남자들은 명실상부가 아닌 '명실따로' 때문에 힘들다. 말만 가장일 뿐 갈수록 '가장부'가 되어가고 있다. 직장과 가정 양쪽에서 '머슴' 취급받는다. 이런 상머슴이 따로 없다.

그러면 어떻게 이 난국을 돌파해야 할까? 해답이 있다. 여자들에게 무릎 꿇고 투항하자는 얘기가 아니다. 중년 남자들, 쉽게 변하지 않는다. "야, 여자한테 잘해야 해"라고 말하면서 속으로 '스벌' 하는 게 중년 남자들이다. 차근차근 해야 한다. 일단 자신의 기부터 살리고 시작해보자. 지렁이도 밟으면 꿈틀거린다. 일단 '꿈틀'부터 하자. 그런데 해답이 뭐냐고? 그놈의 조급한 성미부터 고쳐야 한다.

오십?
아니 서른다섯!

○
○
○
○
○
○

　　　　　　　　　"세종 노인회 필독기사입

니다."

　"ㅋㅋ 노인?"

　"죄송, 저는 안 그러는데 일부 몰지각한 젊은 기자들이 ㅋ

ㅋ."

　"ㅎㅎ 발끈하는 걸 보니 노인이 사실."

　"젊은 피는 나하고 ○○씨뿐."

　요즘은 고참 기자들을 현장에서 쉽게 볼 수 있다. 선임 기자와 부장급 기자들이 현장에서 많게는 20년가량 어린 신참 기자들과 어울려 일을 한다. 세종에서 요리와 음악을 좋아하는 고참들과 어울리게 됐다. 카톡방에서 나눈 대화다. 40대 중후반인 부장·차장급 고참들이 '젊은 피'로 자처하면서 겨우 몇 살 많은 선배들을 '노인'이라고 놀리는 내용이다.

대화 내용을 보면 노인에 대한 최신 정의를 알려줄 필요가 있다. 미네소타 주 의학협회는 노인을 이렇게 정의한다. "늙었다고 생각한다. 배울 만큼 배웠다고 느낀다. '이 나이에 그런 일은 뭐하러 하냐'고 말한다. 내일을 기약할 수 없다고 생각한다. 젊은이들의 활동에 아무런 관심이 없다. 듣는 것보다 말하는 것이 좋다. 좋았던 그 시절을 그리워한다."

이 정의에 따르면, 아직 젊다고 생각하고, "내 나이가 어때서?"라고 주장하며, 젊은 선생님한테 악기와 춤을 배우면서 다가올 좋은 시절을 꿈꾸는 사람은 노인이 아니다. 노인의 정의에 '나이가 몇 살 이상'이라는 언급은 없다. 삶을 대하는 태도와 자세가 노인을 정하는 기준이다.

노인이 무엇인지, 언제부터가 노인인지 다들 헷갈려 한다. 100세 시대가 다가왔지만, 60세 시대 때의 제도와 의식이 견고하게 남아 있기 때문이다. 사전적인 의미의 노인은 '나이가 들어 늙은 사람'이다. 문제는 나이가 들어도 잘 늙지 않는 데 있다.

'향년'은 평생 누린 나이로, 죽은 사람의 나이를 일컬을 때 쓴다. 상가에서는 향년과 사인을 묻는 게 예의다. 70대에 돌아가셨다고 하면 "에구, 한참 나이신데" 하며 안타까워해야 한다. 격세지감이다. 예전에 환갑잔치는 가장 큰 잔치였다. 60년을 살기 어려운데 참 잘 살았다고 온 동네 사람이 모여 축하잔치를 벌였다. 사람의 일평생을 60평생이라 하기도 했다. 일흔 살을 일컫는 고희(古稀)는 70년 살기는 매우 드물다는 인생칠십고래희(人生七十古來稀)에서 유래했다.

그러나 요즘은 어떤가? 80대 중후반에 부르심을 받는 경우가 많다. 지난해 우리나라의 최빈 사망 연령은 86세다. 86세에 돌아가신 분이 가장 많았다는 얘기다. 2020년에는 최빈 사망 연령이 90세가 될 것으로 예측하고 있다. 70대에 돌아가셨으면 일찍 돌아가신 것이다. 이제는 60년을 살기 힘든 시절은 지나고, 90년을 살기가 조금 힘든 시절이다. 90에 0.7을 곱하면 63이다. 그러니 자기 나이에 0.7을 곱해야 예순 살을 살던 시절의 나이가 되는 것이다.

결혼 연령도 마찬가지다. 예전에는 여성이 20대 중반을 넘기면 노처녀라는 소리를 들었다. 지금은 결혼이 필수가 아닌 선택이 되었고, 서른 살을 넘기기 일쑤다. 여기에도 0.7의 법칙을 적용할 만하다. 생물학적 나이는 바꿀 수가 없다. 그러나 삶을 대하는 태도로서의 나이는 바뀌어야 한다. 본인의 나이가 60세이면 0.7을 곱해 42세, 50세이면 0.7을 곱해 35세라고 생각하고 사는 게 제대로 사는 방법일 듯하다.

건강에 대한 관심과 의료기술의 발달, 영양 상태의 개선 등으로 신체 건강은 좋아지고 기대여명은 늘어났다. 그런데 사회 시스템과 사고방식은 여전히 60년을 기준으로 짜여 있다. 생각과 현실의 차이가 문제를 만든다. 20~30년 전만 해도 급여생활자로 열심히 일해 집 한 채 장만하고, 자식 낳고, 결혼시키고, 50대 후반에 은퇴해 약간의 노년을 보내는 게 다였다. 그런데 요즘은 은퇴는 빨라지고 노년은 길어졌다. 운좋게 60세까지 직장생활을 해도 수십 년을 더 살아야 한다. 노인으로 시간을 죽이며 보내기에는 너무 긴 시간이다.

환경이 달라지면 여기에 맞춰야 한다. 나라도 사회도 개인도 달라진 환경에 적응해야 한다. 불균형의 시절이다. 국가와 사회가 조금씩 100세 시대에 맞는 정책들을 내놓기 시작했다. 그러나 이제 시작일 뿐 갈 길이 멀다. 제도 개선과 별개로 개인도 변하고 적응해야 한다. 그러기 위해서는 젊은 마음과 적극적인 자세가 필요하다. 과거의 기준에 얽매인 나이를 가지고 조로하면 변하기도 적응하기도 힘들다.

자신이 생각보다 훨씬 젊다는 것을 알아야 한다. 지금 당장 자신의 나이에 0.7을 곱해보자. 그 나이가 100세 수명 시대의 실제 나이다. 그러면 이제 준비해보자. 35세의 당신(50세), 42세의 당신(60세)이 젊어진 인생을 위해 무엇을 할 것인지를 생각해보자.

우리 또래의 시인 최영미는 '서른, 잔치는 끝났다'에서 열정이 흔적으로 남은 자리에서 새로운 잔치를 준비했다. 젊음이 서른이면 끝나는 줄 알았는데 새로운 잔치가 시작되고, 인생이 60이면 종치는 줄 알았는데 새로운 인생이 시작된다.

예순, 잔치는 끝났다. 삶을 한 바퀴 돌아 환갑이 됐지만 갈 길은 아직도 멀다.

최빈 사망 연령 90세 넘으면 100세 시대

흔히 쓰는 평균 기대수명은 지금 태어난 아기가 평균 몇 살까지 살 수 있을지 기대하는 수명을 말한다. 유아 사망률이나 청년 사망률이 높으면 평균 기대수명이 낮아진다. 평균 기대수명은 성인들이 보편적으로 삶을 누렸을 때의 수명은 아니다.

그렇기 때문에 성인 사망률에 의해 결정되는 최빈 사망 연령을 100세 시대를 가늠하는 기준으로 사용한다. 최빈 사망 연령이란 한 해 동안 가장 많이 사망하는 연령을 말한다. 올해 사망자 중 주민등록상 86세에 돌아가신 분의 수가 가장 많으면 최빈 사망 연령은 86세가 된다. 유아 및 청년 사망률에 의해 크게 달라지는 평균 기대수명보다 고령화 사회를 진단하는 지표로 유용하다.

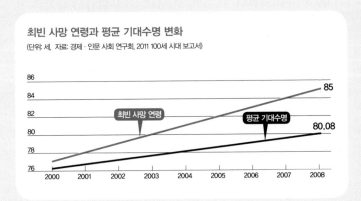

최빈 사망 연령과 평균 기대수명 변화

(단위: 세, 자료: 경제·인문 사회 연구회, 2011 100세 시대 보고서)

최빈 사망 연령이 90세를 넘으면 100세 시대에 들어간 것으로 본다. 그림에서 보듯이 우리나라의 최빈 사망 연령은 2000년 이후에 급격하게 증가하고 있다. 우리나라는 90세까지만 사망 연령을 집계하고, 91세 이상은 모두 90세에 포함하여 하나로 집계한다. 이 때문에 사망자 연령에 관한 통계가 정확하지 않다. 통계청은 고령자들의 주민등록이 부정확해서 파악하지 못하고 있다고 설명한다.

100세 시대에 대비하기 위해서는 더 정확한 통계가 필요하다. 일본은 2000년에 최빈 사망 연령이 90세를 넘어서면서 100세 시대에 들어섰다. 일본은 2005년까지는 사망자를 100세까지 집계해왔으나 2006년부터는 105세까지 집계하고 있다.

반려동물과 남자

○
○ ○
○ ○
○ ○

　　"물에 빠지면 호주에서는 아이, 여자, 애완동물, 남자 순으로 구한다네요." 동료 기자가 함께 차를 타고 가면서 들려준 얘기다. "허! 동물은 수영을 잘하니까 사람부터 구해야 하지 않나?" 서양에서는 반려동물에게 재산을 물려주는 일도 있으니, 그럴 수도 있겠다 싶었다. 하긴 우리도 남자 값이 바닥에 떨어졌으니까.

　　"누가 창문 열어놨어?" 깜짝 놀란 A가 뛰어오면서 소리친다. 반려견이 고층 아파트의 거실 창가에서 목을 내밀고 아래를 보고 있다. 안전창이 열려 있다. 다행히 사고는 없었다. 별

생각 없이 안전창을 열어둔 나도, 집들이 손님에게 소리친 주인도 잠시 머쓱했다.

골드미스 A는 반려견을 '우리 애', '우리 딸'이라고 부른다. 닥스훈트 장모종인 딸을 위한 배려가 집 안 곳곳에 배어 있다. A는 병약한 딸을 수발하는 엄마 이상으로 녀석을 보살핀다. 다리가 짧은 녀석이 엄마 침대에 오를 수 있도록 침대 옆에 계단을 만들어두었다. 딸내미 나이는 열네 살이다. 사람 나이로 치면 100세에 가깝다. 햇빛을 즐기며 바깥 구경을 하라고 창가에 별도의 침실도 준비했다. 나가고 싶어 쇠문을 긁다가 발톱이 다칠까 봐 문과 거실 사이에 격리문도 만들었다.

B는 비혼 여성이다. 결혼을 아직 안 한 미혼이 아니다. 결혼을 하지 않는 삶을 선택했다. 씨를 구해 아이는 가질 생각이다. 의료생협 활동을 하는 B는 의료보험의 가족제도를 바꿔야 한다고 생각한다. 반려동물도 가족에 포함시켜 보험 적용을 해야 한단다. 제도가 바뀌기 전이라도 의료생협 활동을 반려동물까지 확대할 계획이다. 회의적인 시선에는 시간이 문제지 그렇게 가야 하고, 결국 그렇게 될 것이라고 자신하고 있다.

그녀들의 아이들은 침대에서 함께 자는 사랑스러운 가족

이다. 개들은 그런데 남자들은 어떤가? 반려동물을 사랑하고 존중하는 것은 좋다. 그런데 반려동물과 비교당하는 중년 남자들의 꼴은 말이 아니다. 흔히 하는 농담으로 중년 남자는 이사를 갈 때 강아지를 꼭 껴안고 있어야 한다고 한다. 버리고 가려 해도 강아지 때문에 할 수 없이 함께 데려간다는 얘기다.

농담만이 아니다. 많은 경우 현실이다. 양희은과 강석우가 진행하는 라디오 프로그램 〈여성시대〉. 목요일에는 '남성시대' 코너가 있다. 남성 위주의 사회에서 여성의 목소리를 담아내던 〈여성시대〉에 이제는 남성시대가 들어갔다. 남자들 힘이 빠졌다는 증거다. 거기서 나온 얘기다. 요즘 아내들은 남편에게 "우리 애(반려동물) 밥 잘 챙겨 먹이고 산책 잘 시켜"라고 당부하며 여행을 떠난다. 젊었을 때는 남편에게 미안해하면서 살뜰하게 밑반찬을 만들어놓던 그녀들이었는데.

그러다가 남자가 애완동물을 좋아하는 이유와 애완동물과 비슷한 면을 얘기한다. 남자는 규칙을 좋아한다. 매일 같은 시간에 먹이를 주고 산책을 하는 게 체질에 맞다. 남자는 영역 표시를 하고 충성을 좋아한다. 애완동물은 남자에게 충성을 다하는 존재다. 열심히 하면 애완동물처럼 사랑을 받아 순위가 올라간다는 얘긴지 뭔지. 불만스러운 생각도 떠오른다. 나도 남자니까.

순위가 뒤로 밀린 건 분명하다. 가장(家長)의 의미가 달라졌다. 가족을 통솔하고 대표하는 사람에서 어느 사이에 집에서 '가장' 순위가 밀리는 사람으로 추락했다. 다 그런 건 아니지만 보편적으로 그렇다. 반찬도 아이들 우선이고, 그다음에 반려동물을 챙긴다. 아무리 남자가 힘이 빠졌어도 '남편'이고 '아버지'인데 점점 존중받지 못하고 희화되는 풍토다.

맑은 눈망울로 다가와 꼬리를 흔들며 내 무릎에 얼굴을 기댄다. 지금은 저세상으로 간 시추 순돌이가 그랬다. 그럴 때는 피곤이 풀리고 걱정이 사라진다. 큰 위안이 됐다. 사람으로 가득한 이 세상에서 얘기 나눌 사람조차 없을 때가 있다(제프 스완, '민들레 목걸이'에서). 그럴 때 반려동물은 따뜻한 반려자다. 말은 없지만 다 안다는 듯이 바라보며 따뜻한 체온을 나눠주는 순돌이가 고마웠다.

반려동물은 위안과 행복을 준다. 배신하지 않는다. 상처 주지 않는다. 옆에 있어주고 큰 힘이 된다. 그래서 반려동물 같은 친구가 있었으면, 나도 이런 친구가 됐으면 한다. 힘들다. 곰이나 호랑이가 아니라 사람에게서 상처받는다. 내가 상처

를 주기도 한다. 멧돼지나 벌에게 상처받으면 온 세상이 난리다. 드문 일이다. 대부분의 아픈 상처는 사람 때문에 생긴다. 서로 엮여 살고 기대하기 때문에 어쩔 수 없다. 가족 속에서도 마찬가지다.

남자도 지친다. 자존심을 다치는 게 수컷에게는 가장 큰 상처다. 생각해본다. 권한이 없는 곳에 책임도 의무도 없다. 책임지지 않으려는 초식남이 늘어나고, 의무만 짊어진 중년 남성들이 황혼이혼을 선택하는 이유다. 물론 여자들도 힘들다. 슈퍼우먼 신드롬이 있다. 가사와 육아, 직업을 병행해야 하는 여성들의 어려움도 말로 표현하기 힘들다.

남자와 여자가 모두 힘들다. 드러나는 현상은 다르지만 이유는 똑같다. 세상이 달라지고 남자와 여자에게 서로 바라는 역할이 달라졌기 때문이다. 과도기다. 전통적인 역할에 새로운 역할을 추가로 요구한다. 기사도 정신은 기사일 때 가능하다. 중세 유럽의 기사들은 십자군 원정 때 아내에게 정조대를 채우고 전쟁터에 갔다. 그러자는 얘기가 아니라 그랬다는 얘기다. 새로운 역할 모델과 역할 분담이 필요하다는 말이다.

기사 흉내라도 내려면 존중받아야 한다. 깔보이면서 기사도 정신을 강요받으면 '어, 이게 아닌데?' 하며 의문을 품게 된다. 아버지는 아버지라는 이유로, 남편은 남편이라는 이유만으로도 무시당하지 않을 자격이 있다. 정말 부탁이다. 더 이상 개나 고양이와 줄 세우지 말아달라. 농담으로 말하다 진실이 된다.

남자답지
않으리

"남자 맞아?"

북한산 사모바위에서 대남문 방향으로 가던 길이다. 대학 친구 셋이서 등산을 하다 씩씩한 아줌마 두 명과 말을 섞었다. 문수봉을 넘어가는 길과 옆으로 돌아가는 길의 분기점. 우리는 옆길로 가는데 아줌마들이 함께 넘어가잔다. 문수봉을 넘어가는 길은 바위절벽에 박힌 쇠기둥과 쇠줄을 잡고 올라가는 길이다. 쇠줄을 꼭 잡고 오르면 위험하지 않지만 가파른 경사로 현기증을 느끼는 사람도 많다. 옆으로 돌아가는 길을 택했다. 이때 날아온 말이 "남자 맞아?"였다. 한마디 더

들었다. 뭐가 달렸느니, 없느니 그런 얘기였다.

　참 묘하다. 왜 그럴까? 이 여자들은 어쩌다 이렇게 무례할 정도로 씩씩해졌을까? 나이 먹으면 다 그런가? 그런데 얼굴은 또 곱게 화장을 했다. 도대체 정체가 뭐지? 당신들이 예뻐 봐라, 오지 말래도 따라가지. 구시렁거리면서 옆길로 간다. 그래도 '쪽팔림'이 사라지는 건 아니다. '남자답지 못하다'와 '쪼쪼하다'는 남자가 가장 듣기 싫어하는 말이다. 남자의 성적 정체성이 훼손된다고 느끼기 때문이다. 그런 말을 들으면 남자다운 사람은 기분 나빠하고, 남자답지 못한 사람은 분노한다.

　우리 또래는 남자다움을 키우도록 교육받았다. 남자다움이 뭔지 정확히 정의하기는 어렵다. 겉으로는 가부장적 권위와 카리스마를 가진 것이다. 안으로는 용기·정의·배려·힘·호방함, 그리고 공동체·가족·여성과 약자를 보호하는 능력. 이런 덕목들이 남자다움 속에 녹아 있는 듯하다. "남자 맞아?"는 이런 남성의 덕목이 부족하니 남성의 상징인 거시기도 안 달렸을 거라는 조롱이다. 용기, 힘, 호방함이 없다는 얘기다.

　요즘 젊은이들은 조금 다르다. 아니, 내 아들 둘은 다르다.

휴가 나온 큰아들이 엄마와 삼청동에서 데이트를 했다. 결혼관, 여성관이 바뀌었다. 예전에는 여자는 집에서 살림을 해야 한다고 생각했다. 아이는 셋 정도 낳겠다고 했다. 그런데 맞벌이 배우자를 찾는 쪽으로 전향했다. 음식점과 카페를 가득 메운 아줌마들을 보면서 생각이 변했단다. 남편이 벌어다준 돈으로 여자들이 한가로이 노는 것을 이해하지 못하겠다고 말한다. 아내와 아들이 이 문제를 두고 이러쿵저러쿵 갑론을 박한다. 둘째는 형의 주장에 동조한다.

남자와 여자의 역할을 보는 젊은 남성들의 시각이 변화하고 있다. 어떤 사회나 문화든 성역할에 대한 고정관념을 가지고 있다. 남성과 여성을 구분하여 성별로 다른 사회적 역할을 기대한다. 이러한 성역할에 대한 완고한 기대가 달라지고 있는 것이다. 아들은 '남자다움'보다 '성 평등'을 선호한다.

어쩌면 일본의 초식남과 비슷하다. 초식남은 초식동물처럼 온화하고 부드럽다. 여성스러운 감각과 섬세한 성격을 지닌 남자를 말한다. 가부장적이고 카리스마 넘치는 '육식남'과는 다르다. 이성보다는 자신의 일이나 관심 분야, 취미 활동에 몰두한다. 연애, 성, 결혼에 상대적으로 무관심한 반면 옷과 화장품 등 패션에 관심을 가진다. 결혼을 하더라도 남자만이 돈을 벌어야 한다고 생각하지 않으며 가사도 분담한다.

올해 초 회사 게시판에 후배 기자의 청첩장이 올라왔다. "다 필요 없으니 ○○씨 머리에 리본만 달고 오라"고 했다는 신랑의 어록이 소개됐다. 씩씩하고 멋진 신랑이다. 남자답다 는 칭찬을 들을 만하다. 말만이라도 좋다. 마음을 기댈 만한 남자라는 생각이 들 것이다. '아들이 이런 남성다운 청년들과 의 경쟁에서 밀리지 않아야 하는데'라는 조바심이 든다. 지금 은 성역할에 대한 관념이 혼돈기에 들어서 있다. 기존의 성역 할이 온존한 가운데 새로운 역할에 대한 기대가 커져가고 있 다. 적응하기에 쉽지 않은 상황이다.

여성의 입장에서는 결혼하면 직장과 가사를 병행해야 한 다. 예전보다 더 힘들어졌다. 남자들도 마찬가지다. 경쟁에 내몰리고, 능력 있는 여성 상사 밑에서 일하는 남자들이 많아 지고 있다. 권위는 무너져 내린 지 오래다. 그런데 의무는 가 득 짊어진 채 뭔지 모를 남성상을 지켜내야 한다. 단순했던 옛날이 그립다. 남자의 역할과 여자의 역할이 나눠졌으니 서 로가 자신이 맡은 역할을 열심히 하면 됐다. 그런데 그런 시 절은 다시 돌아오지 않을 것 같다.

남자다움을 지키기가 버거운가. 프랑스 철학자 뱅상 세스

페데스는 저서 《남자답지 않을 권리》에서 "당연시됐던 관습, 제도, 이데올로기의 껍질을 벗겨내면 의외로 진실은 간단하다"며 "남자들은 남자답지 않을 권리가 있고, 여자들은 여자답지 않을 권리가 있다"라고 말한다.

그의 철학적 논리는 별개로 치고 '남자답지 않을 권리'가 중년 남성에게는 반드시 필요하다. 무리하게 남자다워지려고 하지 마라. 그냥 남자면 충분하다. 용기·정의·배려·힘·호방함, 그리고 공동체·가족·약자를 보호하는 능력은 꼭 남성만의 자질일 이유는 없다. 또 다 갖춰야 하는 것도 아니다.

문수봉의 육식녀들에게 말해주고 싶다. "우리 그런 남자 아냐. 남자는 이래야 된다는 틀에 갇힌 고루한 남자, 남자다움이란 감옥에 갇혀 끙끙대는 그런 남자가 아니라고." 문수봉은 문수보살을 딴 이름이다. 석가모니의 왼편에 있는 문수보살은 '완전한 지혜'를 의미한다. 그녀들을 쫓아가지 않은 것은 '남자답지 않을 권리'를 선택한 지혜였다. 아들에게 한 수 배웠다.

오십애(愛)
술도 사랑도 숙성되면 맛있다

°
°
°
°
°

노총각 후배를 만났다. 40
대 중반이다. 굼벵이도 구르는 재주가 있다더니, 언제 장가가
나 걱정했는데 '여친'이 생겼다. 30대 초반의 직장 여성이다.
결혼을 생각하는데 여자가 꺼린다고 하소연한다. 눈치를 보
아하니 손만 잡은 관계는 아닌 듯하다. 물어보진 않았다. 요
즘에는 연애와 결혼이 항등식이 아니니 굳이 물을 이유도 없
다. 애들도 아니고. 어쨌든 나이 차가 많은 게 걸림돌이란다.
여친이 미래를 걱정한단다.

둘이 소주를 마시면서 '나이가 무슨 문제냐'며 의기투합했

다. 우리끼리는 통한다고 생각했다. 남자가 40대나 50대면 아직 젊다고 묻어가려 했다. 그랬더니 언짢은 기색을 보인다. 웃기는 놈이다. 자기는 띠동갑인 어린 여자와 사귀면서, 여섯 살 많은 나는 준노인 취급한다. 예전에는 '버럭' 했지만 지금은 잘 참는다. 나이 덕이다. 찾아온 후배니까 잘 대해주기로 했다. 대신 계산할 때 신발끈을 만지고 있어야지. 지가 술 산다고 했는데 구태여 내가 나설 필요가 없다. 요즘 들어 소심한 복수가 늘고 있다. 나이 탓이다.

"조지 클루니 알지? 열일곱 살 어린 애인이 있어. 너는 약과야." "조지가 우리 나이로 치면 쉰세 살이야." 이런 말로 격려했다. 나이 차는 극복할 수 있고 충분히 젊다고 얘기했다. 은근히 50대를 강조한다. 영화 〈그래비티〉에서 조지 클루니는 정말 멋있다. "형, 그 여자랑 벌써 헤어지고 영국인 변호사랑 사귀고 있어. 연예계 소식에 뒤지니까 노털 소릴 듣지." '이 자식이! 대학 때부터 네가지(싸가지)가 조금 부족했는데 변하지 않았다. 노털이라니.' "사장님! 등심 2인분 더 주세요." '너 당해봐라.'

그래도 50대는 꽃중년이라고 강조한다. 스마트폰으로 50대의 멋진 남자 배우들을 찾아내 들이댄다. 이름 다음이 나이고 괄호 안이 출생 연도다. 손현주 50(1965), 최수종 53(1962), 최민식 53(1962), 이재룡 51(1964), 톰 크루즈 53(1962), 조니 뎁 52(1963), 브래드 피트 52(1963) 등등. 죄다 50대다. 조재현, 유동근, 김상중, 최민수, 김갑수, 한석규, 박준규, 조민기, 전광렬, 권해효, 허준호, 짐 캐리, 주성치, 유덕화, 니콜라스 케이지, 키아누 리브스, 톰 행크스, 멜 깁슨, 로버트 다우니 주니어, 러셀 크로우, 숀 펜, 쿠엔틴 타란티노, 휴 그랜트, 웨슬리 스나입스, 안토니오 반데라스 등등. 그만 줄이자. 놀랄 만큼 많다. 젊음을 잃지 않은 멋진 50대 배우가 줄줄이 나온다.

"송강호(48세), 장동건(43세)만 하겠어요." 찾아보지도 않고 40대 두 명으로 50대 수십 명을 상대한다. 애들하고 싸워 봤자 손해다. 타협을 시도한다. "맞아, 마흔 살은 넘어야 남자의 멋이 풍기는 것 같아." 유화책에 후배도 맞장구를 친다. "그럼요, 술과 남자는 묵을수록 가치가 있죠. 나이 마흔 되면 인생 종치는 줄 알았어요. 남자는 마흔 살이 돼야 인생이 뭔지 알죠."

위스키는 오래될수록 맛이 부드럽다. 포도주도 마찬가지다. 오크통 속에서 숙성 과정을 거치며 세월이 갈수록 향기가

53

배고 맛이 부드러워진다. 나이가 들면서 영혼이 깊어지는 남자와 같다. 외로움과 싸워 이긴 고독한 남자와 오래 숙성되어 깊은 맛이 나는 술이 서로 통한다. 다른 점이 있다면 술은 시간이 흐르면 비싸져서 만나기 힘들지만, 나이 든 멋진 남자는 쉽게 만날 수 있다는 정도랄까? 시간과 발효가 결합하여 더 나은 것을 만든 게 남자와 술이다. 주저리주저리. 홀아비 수준의 노총각과 주말부부로 홀아비 냄새가 몸에 밴 유부남이 중년 예찬론을 편다. 포도주를 만든 주신(酒神) 디오니소스의 힘을 빌리면 못할 일이 없다. 그래서 남자들이 술을 찾고 술을 닮나 보다.

대화가 좀 더 진행된다. 발효는 부패와 다르다. 좋은 술을 만들려면 재료가 좋아야 한다. 당분이 많은 포도가 발효가 잘되어 좋은 포도주가 된다. 좋은 포도주를 닮은 사람이 되려면 어떤 재료가 필요한가. 후배는 독서, 사색, 연애가 좋은 남자를 만드는 자양분이란다. 이게 포도의 당분 같은 것인가? "야, 너 돈은 많이 벌어놨냐? 그래야 여친이 불안해하지 않지." 후배의 기준은 멋있다. 남자 말고 남편은 필요한 게 더 있다. 서사현 삼성생명 은퇴연구소 고문은 은퇴 후 필요한 다섯 가지로 사람, 돈, 일, 건강, 시간을 꼽았다. 40대 이후 신중년에게도 필요하다.

"어느 정도는 가지고 있어요." 후배 녀석이 화장실에 갔다. 은행장도 아닌, 집도 없는 40대 회사원이 띠동갑을 사귀다 니. 후배의 사랑이 성공하길 바라지만 걱정이다. 가게를 나서 는데 주인이 계산을 물어본다. 내가 냈다. 복수는 또 실패로 끝났다.

2.

은퇴?
이제부터가
전성기야!

스스로 거세하는 말
"내가 왕년에 말이야"

강연 제안을 받았다. 한 인터넷 신문사에서 대덕연구단지 학부모들을 대상으로 5~10회 글쓰기 강연을 해달란다. 준비가 안 됐다고 거절했다. 그런 뒤 강연 자료를 준비해본다. 신난다. 언젠가는 해볼 요량으로 재미난 강연을 위해 자료를 준비한다. 말로 대충하는 것과 실제로 준비하는 것은 큰 차이가 있다. 짧은 시간에 강한 인상을 남겨서 실제 도움이 될 강연을 마련한다는 생각으로 자료를 준비한다.

1강의 제목은 '그리움이 그림이 되고 글이 되고', 2강의 제목은 '글짓기 말고 글쓰기 하자—자기 것을 쓰자'로 잡았다. '자기 것'이 무엇인지 설명하려다 또 막힌다. 뒤로 넘어간다. 100세 시대를 쓰면서도 '자기 것—주인으로 살기'를 쓰려다 막혀서 얼렁뚱땅 뒤로 미룬 적이 있다. 주인으로 산다는 게 무엇이며, 과연 가능한 일인가?

대통령도 주인이 아니다. 국민이 주인이다. 국민도 주인 대접 못 받는다고 항상 정치인들을 나무란다. 인터넷에서 '인생'과 '주인'을 검색했다. 어떤 책이 나온다. 겸손해라, 욕정에 반하는 즐거움을 찾아라 등등. '하라'와 '마라'가 200여 가지 나온다. 머슴이 될 지경이다. 말 그대로 '오너'가 주인이다. 가진 게 없으면 주인 되기를 포기해야 하나.

"아무도 찾지 않는 바람 부는 언덕에 이름 모를 잡초야 (……) 아무것도 가진 게 없네." 나훈아의 '잡초'다. 민초들이 가진 게 없기는 예나 지금이나 마찬가지다. '아무것도 가진 게 없네', '몸뚱어리 하나밖에 없다', '불알 두 쪽밖에 없다'. 모두 같은 뜻이다. 이상하게 신체 한 부위가 자주 등장하면서 한쪽으로 글이 흐른다. '글을 흐르게 하라'도 강연 제목 후보 중 하나다.

두 쪽밖에 없는데 주인이 될 수 있나. 가능하다는 생각이

들었다. 글쓰기 강연 제안을 받기 직전에 세종에서 글쓰기 교실을 열겠다는 생각을 비쳤다가 거절당했다. 누구인지는 비밀이다. '(나보다) 더 잘할 사람이 많다'는 게 이유였다. 거절당한 경험과 강연 제안이 오버랩되면서 '아! 이러면 주인으로 살 수 있겠다'는 생각이 들었다.

몇 가지 정리해보자. 첫째, 나는 글을 쓴다. 직책과는 전혀 관계없다. 기자, 차장, 본부장, 부장, 논설위원, 대기자. 직책과 관련 없는 '글 쓰는' 기능이 있다. 둘째, 나보다 잘 쓰는 사람이 많다. 세종시에서 수백 명, 대한민국에서 수만 명, 전 세계에서 수백만 명이 나보다 글을 잘 쓴다. 열 배 곱해도 된다. 셋째, 그래도 굴하지 않고 또 쓴다.

우선, 주인으로 살려면 몸에 붙은 기능이 있어야 한다. 글쓰기 말고도 많다. 세종청사에는 40년 동안 공무원 머리를 만진 이발사 정원영 씨(64)가 있다. 세종시에서 가장 행복해 보인다. 둘째, 꼭 일등일 필요는 없다. 글재주는 있어도 다른 일로 너무들 바쁘다. 내가 열심히 하면 된다. 사업적 성공이나 다른 목적을 가지지 않는다는 전제다. 필요한 사람에게 줄 수 있고 즐길 수 있으면 된다. 승부의 개념이 아니다. 그러다 보면 자그마한 경제적인 기회도 찾아올 수 있다. 취미도 마찬가지다. 주인으로 살려면 춤추기, 사진 찍기, 등산하기, 다 훈련을 통해 내 몸에 붙여야 한다.

셋째, 내가 결정권을 가지고 행동에 옮기면 된다. 이게 중요하다. 대덕연구단지가 아니면 동사무소도 좋다. 동사무소에서 거절당하면 동네 도서관, 사랑방에 간다. 결정의 범주를 낮추면 된다. 대개 직책과 권력은 잠시 맡겨진 것이다. 직책과 권력에 무관한 내가 할 수 있는 일을 과감하게 행동에 옮기는 게 중요하다.

사람마다 다르다. 나는 내 몸뚱어리로 내가 결정해서 내가 즐겁게 할 수 있는 일을 찾고 공부하고 실천하는 게 100세 시대에 주인으로 사는 왕도라고 결론 내렸다. 전 회장, 전 국회의원, 전 사장, 전 국장 ○○○보다는 글쟁이 ○○○, 이발사 ○○○이 훨씬 낫다. 가늘고 길게 전성기를 이어간다. 전성기 시절의 직책만 강조하는 것은 "나는 거세됐다"고 자백하는 행위다. 두 쪽도 없다.

"글재주나 이발 기술이 나는 없잖아"라고 포기하지 마라. 수십 년 동안 살아왔으니 반드시 뭔가 있다. 나도 그 속에서 찾으려고 노력할 뿐이다. 안 보인다 하지 말고 찾아보라. 틀림없이 두 쪽 말고 뭔가 더 있다. 스스로 거세하지 말자.

베이비부머, 사회 공헌 일자리 찾는다

베이비부머들이 은퇴를 앞두고 가장 걱정하는 것은 경제적인 문제다. 그러면서도 은퇴 후 봉사활동 등 사회 기여 활동도 하고 싶어한다. 단순히 돈만 벌기보다는 뭔가 사회에 기여를 하고 싶은 욕망도 있는 것이다.

이러한 욕구를 충족시킬 수 있는 게 사회 공헌 일자리다. 정부가 지원한다. 유급근로와 자원봉사를 결합한 모델로서 비교적 생계 걱정이 덜한 은퇴자가 대상이다. 약간의 금전적인 보상과 자기만족도와 성취감을 높일 수 있는 성격의 일자리다.

대상자는 사회적 기업, 비영리단체, 공공기관 등에서 재능을 활용할 수 있는 전문가다. 해당 분야 경력 3년 이상, 만 50세 이상의 퇴직 인력이 대상이다. 국가 기술 자격, 국가 전문 자격, 국가 공인 민간 자격증 소지자는 3년 이상의 경력과 동일하게 인정된다. 운영기관이 해당 활동과의 연관성을 고려하여 승인하면, 국가 미공인 민간 자격과 운영기관에 입증 가능한 전문성과 경력을 가진 경우도 가능하다.

노동시장 재직자나 다른 재정 지원 일자리 사업에 참여하고 있으면 안 된다. 또 사회적 기업과 비영리단체, 공공 행정기관, 사회적 협동조합도 참여할 수 있다. 영리적 목적이나 정치적, 종교적 목적이나 회원의 이익을 목적으로 하는 경우에는 참여할 수 없다.

한국사회적기업진흥원은 사회 공헌 활동 참여자에게 교통비, 식비 등 실비 및 참여수당으로 1일 최대 2만 4000원을 지급한다. 사회공헌 활동 종료 후 취업을 원하는 사람에게는 고용센터와 연계하여 재취업도 지원한다. 다음은 사회 공헌 일자리 관련 단체와 인터넷 주소다.

▶ 한국사회적기업진흥원 www.socialenterprise.or.kr

▶ 유어웨이(사회 공헌 활동 지원사업) www.seniormanse.org

▶ 서울인생이모작지원센터 www.seoulsenior.or.kr

마음속의
괴물을 없애라

"난 그 자식 나오면 안 나갈
거야."

40년 지기인 A와 B는 서로 피한다. 둘은 고등학교 때부터
절친이었다. 흔히 말하는 명문대를 나와 번듯한 직장에 들어
가 승승장구했다. 근무회사는 달라도 틈만 나면 함께 술을 마
시고 붙어 다닐 정도로 친했다. 이제는 동창모임이 있으면 상
대방의 참석 여부를 꼭 확인한다. 서로 꼴 보기 싫어서다.

은퇴 후의 동업이 40년 우정을 갈라놓았다. 사업의 이익
배분을 두고 이견이 생겼다. A는 친구끼리니 무조건 절반씩

나눠야 한다고 주장하고, B는 돈을 더 많이 번 사람이 더 챙겨야 한다며 콧방귀를 뀌었다. A는 절반씩 나누기로 했다고 하고, B는 함께 한 일만 반씩 나누기로 했다고 믿는다. 사실, 아니 진실은 무엇인가.

구로사와 아키라 감독은 영화 〈라쇼몽(羅生門)〉에서 거짓과 사실이 날줄과 씨줄처럼 엮인 세상을 묘사하고 있다. 사실은 하나다. 사무라이 다케히로(모리 마사유키)와 아내 마사코(교마치코)가 숲길을 가다 악명 높은 산적 다조마루(미후네 도시로)를 만난다. 마사코는 산적에게 겁탈당하고, 결박당한 다케히로는 아내가 겁탈당한 뒤 죽는다. 나무꾼이 현장을 목격한다. 사실은 여기까지다. 연관된 사람들(죽은 사람의 영혼을 포함하여)의 주장은 제각각 다르다.

사실에 자신의 입장이 덧대어져 각기 다른 주장이 나온다. 관아에서 진실을 밝히기 위한 조사가 벌어진다. 산적은 마사코가 두 남자를 섬길 수 없으니 이기는 남자를 선택하겠다고 해서 당당한 결투 끝에 그를 죽였다고 자랑한다. 죽은 사무라이는 무당에 빙의하여, 겁탈당한 아내가 자신을 배신하고 산적을 따라가려 해서 자결했다고 주장한다. 아내는 어쩔 수 없이 겁탈당한 자신을 남편이 경멸하는 바람에 찔러 죽인 것 같다고 오열한다. 누구의 말이 진실인지 알 수 없다.

목격자인 나무꾼은 여자가 두 남자의 결투를 요청했지만 사무라이가 아내를 포기해 싸우지 않으려 했다고 말한다. 여자가 난리를 치자 얼떨결에 싸움이 벌어져 사무라이가 살해당했다는 것이다. 산적은 악명을 유지하기 위해, 사무라이는 명예를 지키기 위해, 아내는 정숙하고 가련한 여인임을 강조하려고 사실을 왜곡한다. 나무꾼 또한 사실을 전부 얘기하지 않는다. 현장에서 보석이 박힌 단검을 훔쳤기 때문이다. 그런데 나무꾼의 말은 어디까지가 진실일까.

세상사에 늘 있는 일이다. 사람은 누구나 사실이라는 재료에 갖은 양념을 버무려 자신에게 유리하게 세상을 요리한다. A와 B만의 일이 아니다. 나도 마찬가지다. 평소에는 상관없다. 이해관계가 걸리면 달라진다. A는 찍쇠고 B는 딱쇠다. 영업에 능한 A가 일을 물어오면 꼼꼼한 B가 처리하기로 했다. 그런데 B가 우연히 일을 가져왔다. 서로 다른 말을 할 상황이 된 것이다. 살다 보면 꼭 누가 누구를 속이려고 해서가 아니라도 서로 속았다는 생각이 들 때가 많다. 서로의 기대가 다르기 때문이다.

A와 B의 관계는 더욱 나빠지고 있다. 동업관계가 깨진 것

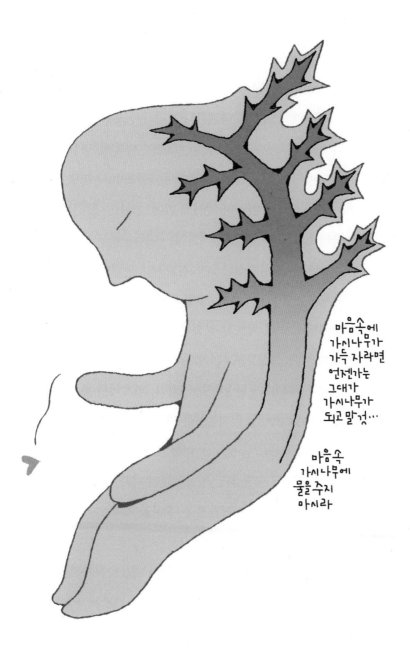

마음속에
가시나무가
가득 자라면
언젠가는
그대가
가시나무가
되고 말걸…

마음속
가시나무에
물을 주지
마시라

은 물론 인간관계가 파탄나기 일보 직전이다. 둘 다 돈이 필요한데 번 돈을 통장에서 꺼내지도 못하고 있다. 서로 상대가 다른 친구들에게 자기를 음해한다고 생각하고 있다. 친구가 아니라 원수가 될 가능성이 많다. 친했기 때문에, 믿음이 컸기 때문에 배신감은 더 커진다. 상대에 대한 분노가 눈덩이처럼 커진다. 흔히들 동업하지 말라고 한다. 동업은 대표적인 사례일 뿐이다. 나이가 들수록, 세상에 부대낄수록 주변과의 갈등은 늘어만 간다. 이런저런 일로 갈라지는 사람을 많이 보게 된다. 부부, 가족, 친구, 동료, 사업 파트너 등.

많은 경우 마음속에 싹트기 시작한 의심과 미움이 오해와 억측을 숙주 삼아 걷잡을 수 없이 커진다. 더스틴 호프만이 주연한 영화 〈스피어〉는 공상과학 영화다. 외계에서 태평양으로 우주선이 떨어진다. 탐사원들은 우주선 안에서 정체를 알 수 없는 커다란 둥근 물체, 스피어를 발견한다. 이후 집채만 한 오징어 등 공상 속의 해양 생물체들이 나타나서 탐사원들의 생명을 위협한다. 스피어가 인간의 마음 속에 있는 공포심과 두려움을 현실로 만들기 때문이다.

스피어는 우주에서 오는 게 아니다. 우리 마음속에서 똬리를 틀고 있다가 어느 날 모습을 드러낸다. 우리 스스로가 〈라쇼몽〉의 주인공으로 살면서 마음속에 스피어를 키운다. 나만의 생각을 발효시켜 실체를 만들어낸다. 우리 마음속의 스피어는 기대는 실망으로, 연민과 사랑은 혐오와 미움으로 변질시킨다. 마음속의 괴물이다. 나이를 먹으면서 마음속 곳곳에 괴물이 자리 잡을 가능성이 크다. 스스로 생각해보면 무엇인가에 대한 미움과 증오라는 괴물이 마음속 어딘가에 자리 잡고 있다. 나만 그런 것은 아닐 것이다.

세종시는 금강이 관통하고 있다. 걷기를 좋아해 몸 상태와 날씨를 가리지 않고 꼭 산책을 한다. 금강변을 수백 번 넘게 걸었다. 날씨가 갠 날 밤에는 은하수와 별들이 하늘에서 쏟아진다. 시인이 되어보기도 하고, 천문학도가 되기도 한다. 하늘의 별을 보다 문득 이런 생각이 든다. '우주의 중심은 어디일까?' 내 삶을 되돌아보면 평생 우주의 중심은 바로 '나'였다. 아내도, 친구도, 동료도, 자식도 모두 나와 같지 않을까? 상대가 세상의 중심임을 인정하니 마음이 편해진다. 마음속에 괴물이 자리할 틈이 조금 줄어든다.

조급하지 말자,
살 날 많다

。
。。
。。。
。。。
。。

　　　　　　　　　　　　산에서 많이 배운다. 배우
려고 오르는 건 아니다. 다니다 보니 깨우친 게 있다는 얘기
다. '산에 오르면 내려와야 한다'가 깨우침 1호다. 당연한 얘
기다. 이런 얘기를 하면, 사람들이 이상하게 본다. 도가 텄다
고 비웃거나, 정신이 나갔나 의심한다. 그러지 마라. 쓰임새
도 있으니까.

　지난해 여름에 회사 동료들과 '불수도북'을 했다. 불암산,
수락산, 도봉산, 북한산을 한 번에 타는 등산이다. '북도수불'
로 코스를 약간 바꿨다. 도봉산을 내려오다 해 질 녘에 길을

잃었다. 갈림길에서 의견이 갈린다. 후배는 옆길로, 나는 아래로. 어느 길이 옳은지 모른다. 위험을 줄이기 위해 무조건 아래로 가자고 설득했다. 정확한 길을 찾으러 옆길로 갔다가 산에 갇힐 수 있다. 조금 뒤에 하산하는 일행과 만났다. '산은 내려와야 한다'는 상식이 통했다.

내려와야 할 때 잘 내려와야 한다. 북한산 정상인 백운대는 항상 사람들로 붐빈다. 줄을 서서 기다리면서 올라간다. 내려오지 않으면 올라가지 못한다. 사람이 많아 조금은 위험하다. 정상에 올라가 숨 한번 크게 쉬고, 물 한 잔 마신 뒤 바로 내려온다. 오르고 내리는 사람이 서로 길을 비켜주며 격려한다. 안전을 위해서다. 가끔 시비가 붙는데 사고 위험이 높아진다.

관료를 마피아에 빗대 '관피아'로 지탄하는 여론이 많다. 세월호 비극의 공범으로 해양수산부 관료와 업계가 유착한 '해양 마피아(해피아)'를 지목한다. 은퇴하는 신중년들이 관피아의 고리다. 정년 전에 정상에서 내려오며 후배들에게 자리를 비켜준다. 대가로 산하 기관장이나 협회 임원으로 간다. 현직, 전직, 업계의 유착 고리가 참화를 키웠다.

관료 조직 내부의 분위기는 아주 다르다. "1급이 된 뒤 언제든 옷 벗을 각오가 돼 있어요." 산하 기관장으로 내정된 관료가 입에 달고 다니던 말이다. "나가줘서 고맙죠." 후배들의 얘기다. 낙하산 타고 나가는 사람에게 고마워한다. 안 나가면 후배들의 눈총을 받는다. "관료가 최고인 시절에 고시에 붙었는데, 이제는 끝물"이라는 말도 덧붙인다.

'끝물', 25년 전 신문사에 입사할 무렵부터 계속 들어오던 얘기다. 관료도, 선배 기자들도 그때 '끝물'이라고 얘기했다. 계속 끝물이다. 긍정적으로 보면 좋은 얘기다. 특권이 사라졌다는 얘기, 적어도 줄어들고 있다는 말이다. 부정적으로 보면 말도 안 되는 소리다. 질기게 남아 있다는 뜻이다. 국민들은 부정적인 부분에 주목하고 분노한다.

국민 여론이 들끓고 대통령, 국회, 언론까지 다 들고 나섰으니 많이 바뀔 것이다. 제도만 바뀐다고 끝이 아니다. 고위 공무원 중 극히 일부라도 변했으면 좋겠다. 지난해 김능환 전 대법관이 부인의 편의점에서 일한다고 해서 화제가 되었다. 국민들이 환호했다. 전관예우를 받으면서 떼돈을 버는 고관대작들과 다른 모습이기 때문이다. 하지만 얼마 후 그가 대형 로펌에 들어가면서 해프닝으로 끝났다.

세상물정 모르는 어린아이 같은 소리를 해야겠다. 비웃어

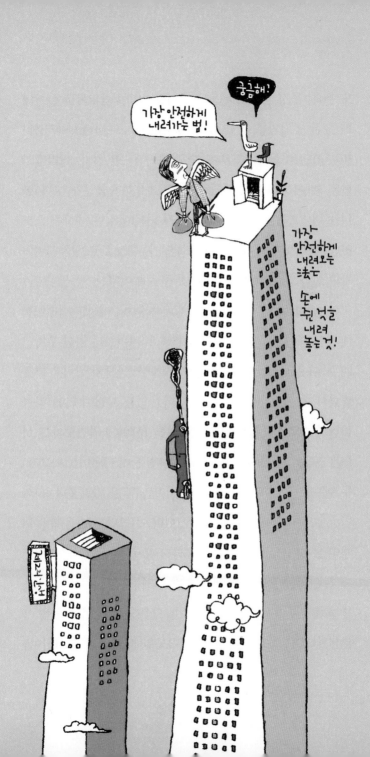

도 좋다. 물정 모르게 행동해서 성공적인 인생 2막을 살아내는 그런 공직자를 보고 싶다. 낙하산 타고 날아봤자 인생이 30~40년 이상 남게 된다. 그 뒤에는 뭘 할 건가. 나라에서 받은 것을 봉사를 통해 돌려줄 순 없을까? 꿈인가? 은퇴한 뒤 권력과 연줄에 의존해서는 오래 버티기 힘든 세상이 오고 있다. 언제까지 자리다툼만 할 것인가. 물정 모르는 돌연변이가 필요하다. 진화는 돌연변이가 준 축복이다.

공무원만이 아니다. 힘 있는 많은 사람이 '허울뿐이지 가진 게 없고 미래가 불안하다'고 생각한다. 자기보다 훨씬 부자인 친구, 이웃과 비교한다. 은퇴에 임박해서는 돈과 권력을 더욱 탐한다. 마지막 기회라고 생각한다. "있는 사람이 더해"라는 한탄이 그래서 나온다. 욕심은 화를 부른다. 최인호의 소설 《상도》에는 '계영배(戒盈杯)'가 나온다. 술이 7할 이상 차면 모두 밑으로 흘러내리는 술잔이다. '가득 참'을 경계한다. 거상 임상옥은 계영배로 과욕을 경계했다. 신중년은 마음속에 계영배를 심어야 할 나이다. 조급하지 말자. 살 날 많다.

"불편하거나 필요한 게 있으면 언제든지 말씀해주십시오. 불편해도 참아내는 법, 필요한 게 있어도 없이 사는 법을 가르쳐드리겠습니다." 유럽의 한 수도원에 있는 문구란다. '욕심 갈무리'가 해법이다. 나보다 더 힘든 사람 많다.

　나는 요즘 동반자가 없을 때에는 등산보다는 북한산 둘레
길을 걷는 편이다. 배낭 하나 달랑 메고 집을 나선다. 물과 김
밥만 준비해도 충분하다. 연두색 잎새와 형형색색의 꽃을 즐
긴다. 등산보다 훨씬 여유롭다. 물정 모르는 동반자와 둘레길
을 걷고 싶다.

미국 은퇴 후 직업, 컨설턴트 가장 선호

은퇴 이후에도 일거리가 있어야 한다. 일 자체가 본래 봉사다. 직업이 다른 사람에게 필요한 것을 제공하는 '대가를 받는 봉사'이기 때문이다. 은퇴 후에는 교육비, 주거비 등 쓸 돈이 줄어든다. 몸만 건강하다면 큰 돈 없어도 된다. 대가가 적어도 된다는 의미다. 평균수명이 길어져서 생계비를 마련할 필요성은 높아진다. 그래서 은퇴 후에 사회에 공헌도 하고 수입도 얻으려고 새로운 일을 찾는다. 우리나라나 미국 모두 80퍼센트가량의 은퇴자들이 새로운 일거리를 찾는다.

삼성생명 은퇴연구소에 따르면 미국의 은퇴자들이 가장 선호하는 직업은 컨설턴트다. 현역 시절 쌓은 경험을 바탕으로 한 전문성을 인정받기 때문이다. 파트타임도 인기다. 개인 시간이나 수입을 자유롭게 조정할 수 있다는 점에서 인기가 높다.

두 번째로 인기 있는 직업은 요리사다. 주방에서 보내는 시간이 많아지다 보니 "정말 맛있어요. 이거 팔아도 될 것 같아요"라는 가족의 응원에 자신감을 얻어 음식점을 개업하는 은퇴자가 늘고 있다. 귀여운 손자손녀에게 영양가 없는 패스트푸드나 인스턴트 식품이 아닌 정성스러운 손맛이 담긴 간식을 만들어줄 수 있다.

매장 안내원은 미국 은퇴자들이 세 번째로 많이 몰리는 직업이다.

팁이라는 부수입까지 있어 무료한 노년을 보내기에 최적의 직업이라는 설명이다.

4위는 화원 보조원이다. 매일매일 새롭게 자라나는 식물들과 함께하면 덤으로 좋은 에너지도 얻을 수 있을 것이다. 여행 안내원이 5위를 차지했다. 은퇴자들은 햇병아리 안내원보다 해박한 지식으로 박물관이나 미술관에서 시간제 안내원으로 일할 수 있다. 전 세계의 관광객들과 만나 지식과 사교를 나눌 수 있으며, 문화유산을 소개하는 기회를 얻는다는 점에서 보람을 느낀다.

즐길 수 없으면 피하라,
놀자당 선언

베이비부머들은 "즐길 수 없으면 피하라"는 말에 "맞아, 맞아"라며 감탄과 함께 동의한다. 한 술 더 떠 "내일 할 일을 오늘로 당기지 말라"고 장단을 맞추며 깔깔댄다. 한마디로 줄이면 "오늘을 즐기자"이다. 북한산을 오르며 다섯 명의 오래된 벗들끼리 나눈 얘기다. 면면을 보니 평균 이상의 성실파들이다. 잔재주를 부리거나 게으름을 피우는 사람들이 아니다. 한 명만 빼고는.

왜 그럴까. 그동안 우리는 '피할 수 없으면 즐겨라'와 '오늘 할 일을 내일로 미루지 말라'를 금언처럼 여기고 살아왔다.

왜 성실파들은 평생을 지켜온 규범을 뒤집는 새로운 기준에 환호할까? 범생이로 사는 데 지쳐서? 세상이 바뀌어서? 중년의 일탈을 꿈꾸는 '사추기(思秋期)'라서?

주변 사람 한 명 한 명을 떠올려보니 게으른 사람은 진짜 드물다. 산에 함께 오른 친구들 중 유일하게 다른 분위기를 풍기던 한 명도 곰곰이 살펴보니 무척 성실하게 살았다. 놀기를 좋아하지만 일하고 노는 와중에 박사학위를 딸 정도로 열심히 공부했다. 베이비부머는 대부분 성실하다. 가끔 게을러 보이는 사람도 느리거나 여유 있거나 신중한 경우가 많다. 대한민국에 부지런한 경우가 워낙 많다 보니 상대적으로 덜 부지런해 보일 뿐이다.

사람이 변하기는 무척 힘들다. 오래된 관행과 틀에서 벗어나기는 더욱 어렵다. 같은 세대가 한 덩어리로, 이를 벗어나기는 더 어렵다. 혁명이다. 토머스 새뮤얼 쿤은 저서《과학 혁명의 구조》에서 하나의 고정관념의 틀을 깨고 다른 틀에서 생각할 때(패러다임 시프트) 과학이 비연속적으로, 혁명적으로 발전한다고 설명했다.

지금 베이비부머들은 혁명전선에 나서고 있다. 세상을 지배하는 규범을 깨고 새로운 규범을 만드는 길가에 모여들고 있다. 60세 인생을 기반으로 한 제조업 시대의 사고방식을 100세 창조 시대에 걸맞게 수정하고 있다. 모든 사고방식을 뒤집어보고 새로운 제안을 한다. '인생은 짧고 예술은 길다'도 바꿔본다. '인생은 길고 예술은 인생을 위해 있다'로 바꾸자는 제안이 많다. 오늘을 즐기자는 놀자주의가 열심히 일하자는 성실주의에 도전하고 있다.

혁명에는 선언이 있다. 놀자당 선언이다. 하나의 유령이 지금 한반도를 배회하고 있다. 놀자주의라는 유령이다. 농경 시대와 산업화 시대부터 존중받아온 부지런한 사람들과 열심히 일하는 사람들의 동맹과 수많은 선생님, 사장님 등 강자들은 이 유령을 몰아내기 위해 신성동맹을 맺었다. 그러나 뛰는 놈 위에 나는 놈 있고, 나는 놈 위에 노는 놈 있다. 노는 놈들이여, 단결하라!

창조를 추구하는 사람들은 고정관념을 깨고 다른 차원에서 생각하려면 놀이가 필수라고 말한다. 놀이인간인 호모루덴스(Homo Rudens)를 찬양한다. 구글, 페이스북, 애플 등 창조적인 기업들의 놀이문화를 병행한 업무 환경을 증거로 제시한다. 근면, 성실만으로는 안 된다고 주장한다. 베이비부머는 오랫동안 성실했다. 지쳤다. 딴생각을 할 때도 됐다. '얼씨

구나' 하고 놀자주의를 받아들이는 중이다.

이미 기계가 사람의 일을 대신하는 시대가 왔다. 제조업 공장에서 일하던 근로자들은 로봇들이 대체하고 있다. '휴보'라는 인간을 닮은 로봇 연구가 활발하다. 서비스 로봇을 만들기 위해서다. 단순 반복적이고 오래하는 일은 기계가 사람보다 더 잘한다. 자동차 공장, 반도체 공장을 가보면 알 수 있다. 사람은 창의적인 일을 해야 한다. 기계와 로봇이 일자리를 앗아간다고 싫어하는 사람이 있다. 시대에 뒤떨어진 느낌이다.

놀고 싶다고 놀자주의자가 되는 것은 아니다. 놀자주의를 받아들인다고 그냥 놀아지는 게 아니기 때문이다. 근면과 성실의 주변에는 의무, 당위, 헌신 등 무거운 개념들이 함께 한다. 이런 단어들이 자발성의 외피를 입고 우리에게 뭔가를 강요해왔다. 권리, 욕구, 재미, 자긍심 등의 단어로 자신을 새롭게 무장해야 진정한 놀자주의자가 된다. 사고의 틀을 확 바꿔야 하기 때문에 '패러다임 시프트'라고 부르고 '혁명'이라 일컫는다.

세계적인 제조업체인 삼성은 조기 출퇴근제를 시행해왔다. 최근에는 부분적으로 자유 출퇴근제를 도입했다. 조기 출퇴근제는 제조업 기반의 제도다. 일찍 일어나는 새가 벌레를 잡는다는 근면성실의 얼리버드 정신을 기반으로 하기 때문이다. 개인의 자유와 자율에 맡기는 자유 출퇴근제도는 놀자주의자들이 선호하는 제도다. 개인의 창의성을 키울 수 있기 때문이다. 대세는 기울고 있다.

노는 놈은 워커홀릭이 아닌 해피홀릭이다. 100세 창조 시대의 주역이 될 수 있다. '즐길 수 없으면 피하라'가 이들의 강령 제1조다. 게으름뱅이인 나를 위한 변명일 수도 있다. 맞다. 놀기에 소홀했던 걸 후회한다. 당신이 후회하는 것처럼.

50대 은퇴 남(男)은 '어른애'라네

°
°
°
°
°
°

　　　　　　　　　　　"곱게 물든 가을은 봄보다

아름답다."

　연말에 고등학교 친구가 보낸 연하장 내용이다. 봄에 만난

우리들이 이제 가을을 맞았으니 함께 잘 늙어가자고 격려한

다. '벌써 가을인가? 겨울 참 길어졌네.' 가슴이 잔잔해진다.

선배들의 인생은 잘 짜여 있었다. 우리도 그럴 줄 알았다. 진

학하고 취직하고 결혼했다. 집을 마련하고 자식농사 짓고 승

진했다. 현직에서 자식들 결혼시키고 은퇴하면 성공한 인생

이었다. 어찌 보면 단순했다.

그런데 어느 날 퇴직은 빨라지고 은퇴 후 삶은 길어진 당혹스러운 일이 벌어졌다. 재취업은 어렵고, 겨울철 양식인 저축은 부족하다. 은퇴자금으로 10억 원이 있어야 한단다. 평균의 베이비부머에게는 어림도 없는 목표다. 순자산이 40대는 2억 6000만 원, 50대는 3억 5000만 원에 불과하다. 수십 년 모은 게 이 정도인데 어떻게 10억을 만들란 말인가?

숙였던 고개를 들어본다. 젊은이들과 같을 수야 없지만 가을, 황혼이란 단어에는 슬며시 거부감이 생긴다. 거울을 보고 엉덩이도 한번 흔들어본다. 뭐가 어때서? 여름이 길어졌다면 한판 더 놀 수 있잖아. 지구 온난화에 따른 계절의 변화는 절묘하게 100세 시대와 닮아 있다. 길어진 한반도의 여름처럼 인생의 중반인 여름이 늘어났다. 또 하나의 여름이 생긴 셈이

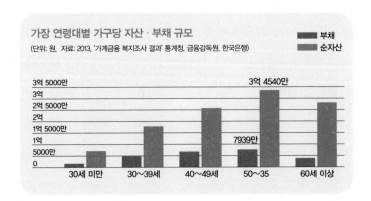

가장 연령대별 가구당 자산·부채 규모
(단위: 원, 자료: 2013, '가계금융 복지조사 결과' 통계청, 금융감독원, 한국은행)

부채
순자산

3억 5000만
3억
2억 5000만
2억
1억 5000만
1억
5000만
0

3억 4540만

7939만

30세 미만 30~39세 40~49세 50~35 60세 이상

다. 뱀으로 치면 꼬리가 아닌 허리가 길어졌다. 이 여름을 어떻게 지내지?

"나이만 먹었지 큰 애나 다름없어요." 대한민국 엄마들은 자식 말고도 애를 한 명 더 키운다고 주장한다. 남편을 애 취급한다. 비틀스의 존 레논은 명곡 '우먼(Woman)'에서 "여자여 이해하지요, 남자 속에 숨어 있는 작은 아이를(Woman, I know you understand the little child inside a man)"이라며 아줌마들의 손을 들어줬다. 남성 비하가 아니다. '또 하나의 여름'을 보내는 답일 수 있다.

"내 안에 애 있다."

자주 만나는 친구들이 있다. 선후배 사이지만 일 없이 같이 노니까 친구다. 당구도 치고 술도 마시고 운동도 함께 한다. 만나면 애 된다. 티격태격하고 내기하면서 몇천 원 가지고 아웅다웅한다. 후배들이 현장을 목격하지 않았으면 좋겠다. "저 사람 우리 선배 맞아?" 이런 말 나온다. 지위고하를 따질 필요가 없다. 평소에 억눌려 있던 '남자 안의 애'가 고개를 내민다. 드라마 〈파리의 연인〉에서 "내 안에 너 있다"라며 여인들을 흔들어놨던 배우가 누구더라? 예쁜 여배우 김정은이 아직도 그 느끼한 남자 안에 있는지는 항상 확인해야 한다. 그러나 "내 안에 있는 애"는 질기게 함께 한다.

비즈니스맨들은 업무로 술집도 가고 운동도 한다. 훌러덩 벗고 사우나도 함께 한다. 일이 아니라 '남성의 놀이'를 같이 하는 친구라고 생각하기 위해서다. 친구랑 노는 게 아니라 함께 놀면 친구다. 일로 만난 친구는 일이 끝나면 만남도 정리되는 게 대부분이다. 같이 놀던 친구가 다른 동네로 이사 가서 못 만난다고 생각하면 그만이다. 섭섭해하는 경우는 뭔가 배려를 했는데 배신당했다고 느낄 때다. 여성의 승진을 막는 유리천장이 깨지고 있다. 사회생활이 갈수록 투명해지고 여성의 위상이 높아졌기 때문이다. 일을 핑계로 놀고, 놀면서 일하던 남자들의 입지는 좁아지고 있다.

기죽을 거 없다. 놀기 좋아하는 '내 안의 애'가 100세 시대의 해결책이라는 힌트가 이미 나와 있다. 꿈을 통해 무의식을 분석한 심리학의 대가 카를 융은 "모든 성인들의 삶에는 어린이가 한 명 숨어 있다"고 말했다. 사춘기가 되기 전의 소년 시절을 재발견하고 재확인한 사람들이 인생 후반기의 새로운 성장과 성취를 이뤄낸다는 것이다.

아이는 이기심이 많고 때론 짓궂다. 하지만 무한한 가능성과 창의력을 가진 열린 존재다. 이런 아이가 내 안에 또 있다니 감사할 따름이다. 이 아이의 호기심을 깨워 다시 한 번 성장할 기회가 있다. 또 하나의 여름은 이 친구와 함께 해야겠다. 조금은 느긋해진다. 시인 킴벌리 커버거는 "지금 알고 있는 것을 그때도 알았더라면"이라는 '후회의 역설'을 통해 젊음의 역동성을 찬양한다. 여름이 한 번 더 온다면 잘할 수 있지 않을까? 길어진 여름은 삶을 인생의 초입으로 돌려놓는 타임머신일 수도 있다. 젊은 생이 한 번 더 있는 셈이다. 괜찮은 인생이다.

이번 주 목요일에 큰아들이 논산훈련소에 들어간다. 가족들이 노래방에 갔다. 어깨동무를 하고 김광석의 '이등병의 편지'를 함께 불렀다. "이제부터 시작이다. 젊은 날의 생이여." 아들, 같이 시작해보는 거야. 살짝 묻어간다.

'서드 에이지' 보너스로 받은 인생

중년 문제 전문가 윌리엄 새들러는 마흔 살 이후의 30년을 제3연령기, 서드 에이지(The Third Age)로 규정했다. 인생이 예전에는 성장기, 생산 정착기, 노화기의 3단계로 설명됐는데 장수혁명으로 새로운 성장기인 서드 에이지가 생겼다는 것이다. 새들러는 미국 하버드 대학교 성인발달연구소에서 성인 50명을 12년 동안 추적 조사했다.

서드 에이지의 특징은 2차 성장이다. 예전에는 인생을 세 단계로 분류했다. 학습을 통해 1차 성장을 이루는 20대 초반까지의 성장기(제1연령기), 제1연령기를 기반으로 직업과 가정을 갖는 생산 정착기(제2연령기), 그리고 노화기(제3연령기)였다. 장수혁명으로 길어진 수명은 2차 성장기인 서드 에이지를 새롭게 만들었다. 노화기는 제4연령기로 밀려났

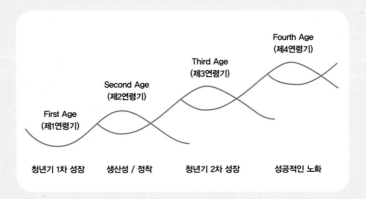

First Age
(제1연령기)

Second Age
(제2연령기)

Third Age
(제3연령기)

Fourth Age
(제4연령기)

청년기 1차 성장   생산성 / 정착   청년기 2차 성장   성공적인 노화

다. 새들러는 40대부터 70대 중후반까지를 서드 에이지로 보았다. 2차 성장을 통해 자기실현을 추구하는 시기다. 원하기만 하면 올라갈 수 있는 인생의 정상이 하나 더 생겼다는 설명이다. 노화기인 제4연령기의 목표는 젊고 건강하게 오래 사는 것이다.

새들러는 저서《서드 에이지, 마흔 이후 30년》에서 보너스로 얻은 서드 에이지 30년을 갱신(renewal), 갱생(rebirth), 쇄신(regeneration), 원기회복(revitalization), 회춘(rejuvenation)이란 5R과 함께 할 것을 제안했다. 새들러의 서드 에이지는 YO(YOUNG OLD), '어른애'의 개념과 일맥상통한다. 중년은 젊고 창의적이다. 장수혁명으로 새롭게 얻은 또 하나의 인생이다. 흥미와 열정으로 새로운 가능성에 도전하자는 내용을 공유한다.

우린 40년이 슬럼프였다, 지금부턴 전성기다

°
°
°
°
°
°

"내 음악 인생 40년이 슬럼 프였다가 이제 벗어난 것 같다."

들국화 리드보컬 전인권이 4집 앨범을 낸 뒤 어느 신문과 인터뷰에서 한 말이다. '역시 전인권이다'라는 생각에 '픽' 하고 웃음이 나왔다. 전인권은 7080세대의 질긴 생명력을 상징 한다.

음악계에 올드보이들이 부활하고 있다. 들국화가 4집 앨 범을 냈고, 김광석 탄생 50주년을 맞아 김광석 다시 부르기 열풍이 불고 있다. '세시봉 친구들(송창식, 윤형주, 김세환, 조영

님)'도 꾸준한 활동을 이어간다. 〈불후의 명곡, 전설을 노래하다〉, 〈도전 천 곡〉, 〈히든싱어〉 등의 음악 프로그램이 인기를 끌고 있다.

7080의 노래는 가사와 음으로 승부한다. 춤은 없다. 한대수는 자서전에서 "음이 인간의 몸매라면 가사는 옷이다"라고 말했다. 요즘 가수들은 "춤과 의상은 날개다"라고 덧붙일 듯하다. 김민기, 한대수, 전인권, 김광석. 몸매(음)도 좋고 옷맵시(가사)도 좋은 싱어송 라이터들이다. 이들의 노래에는 7080세대가 겪은 힘든 세월과 극복의 과정이 녹아 있다. '새파랗게 젊다'는 걸 밑천 삼아 '내일은 해가 뜬다'며 어려움을 이겨낸 세대의 정서가 담겨 있다. 모든 예술은 시대정신의 산물이다. 음악에도 한 시대와 그 속을 살아가는 개인의 모습이 고스란히 투영되어 있다.

들국화 4집의 타이틀 곡이 '걷고 걷고'다. 최고의 록음반으로 꼽히는 1집 타이틀 곡은 '행진'이다. 젊어서 힘차게 행진하던 들국화가 이제는 꾸준히 걷는다. '걷고 걷고'는 아침은 다시 밝아오고, 아픔은 다시 잊힌다며 계속 걷는다. 세상에 태어난 것 모두 축복이란다. '행진'은 나의 과거는 어두웠지만, 나의 미래는 때로는 힘이 들겠지만, 아침이 밝아올 때까

지 행진, 행진, 행진하는 거라며, 힘들어도 질기게 살자는 내용을 아름답게 표현한다. 어둠 속에서도 빛을 찾아내는 게 베이비부머들의 특징이다.

김광석은 '일어나'를 노래했다. "일어나 일어나 다시 한 번 해보는 거야, 일어나 일어나 봄의 새싹들처럼." 우리는 봄의 새싹을 기억하며 희망을 일으켰다. 그런데 그의 아픔을 들여다보지는 못했다. 그는 '그만 살까' 생각하는 자신을 '살도록' 격려한 노래라고 설명했다. "인생이란 강물 위를 끝없이 부초처럼 떠다니다가 어느 고요한 호숫가에 닿으면 물과 함께 썩어가겠지." 김광석은 썩어가는 인생을 극복하지 못한 채 단번에 일어서려고 했다. 우리는 봄의 새싹만을 기억하며 희망을 건졌는데, 그는 자신을 위로하지도 지켜내지도 못했다.

김광석이 법륜스님을 알았더라면 좋았을 것을. 스님은 "인생 왜 사냐고 묻지 말라"고 한다. 어리석은 질문이란다. 그냥 사는 거다. 삶 자체는 이유가 없고 사는 게 우선이다. 그래서 우리는 아픈 상처를 남긴 채 살아남았다. 산업화의 뒷자락과 민주화의 앞자락을 거치면서 나이를 먹었다. "광야는 넓어요 하늘은 또 푸르러요 다들 행복의 나라로 갑시다"라고 외쳤던 한대수는 '또 가야지'에서 "또 가야지 다른 곳 찾아서 계속하는 길만 따라서"라고 또 가잔다. 지칠 줄 모른다.

전인권은 "예전에는 공연할 때 기쁘거나 좋거나 그런 걸 몰랐다. 그저 해야 할 일로 여겼을 뿐이다. 그런데 요즘은 노래하면서 희열을 느낀다"고 말한다. 나이가 들어서야 일의 재미를 알게 되었다는 얘기다. 공감이 간다. 그렇다고 40년을 슬럼프로 표현하다니. 현재의 즐거움을 과장해 표현하는 것으로 이해할 뿐이다.

이들은 형제 이상으로 가깝다. "광석이가 죽었어." 김민기는 그날 와인 두 병을 가지고 학전블루 사무실 바로 위층의 박을복 문화재단이사장 오영호를 찾아간다. 김민기의 경기고등학교 선배인 오영호는 김민기를 후원한 연극인이다. 가수들이 소극장에서 공연하면 수입의 70~80퍼센트를 받는다. 김광석은 학전블루에서 공연하면서 반대로 수입의 20퍼센트 정도만 받았다. 김광석은 학전블루에서 1000회 공연을 했고 수입의 대부분을 극단에 주었다.

학전은 연극, 뮤지컬, 콘서트 등 장르를 가리지 않는 예술의 산실로 성장했다. 〈지하철 1호선〉도 만들었고, 전인권의 들국화도 학전에서 공연했다. 전인권이 순회공연에서 매일 지각하자 김광석이 첫 번째 순서로 노래를 대신 부른 게 '이

등병의 편지'다. 김광석 탄생 50주년을 기념한 김광석 오마주 앨범 〈나의 노래〉에는 한대수가 '어느 60대 노부부 이야기'를 노래한다.

서로 얽히면서 상처를 딛고 일어서며 예술을 일궈온 삶. 시대를 일궈온 베이비부머들도 다를 바 없다. 많은 상처를 입었지만 긍정적이고 강하다. 곧잘 '세대 전쟁', '세대 갈등'이란 단어가 눈에 띈다. 과연 그럴까? 후손들의 먹을거리를 우리가 차지하려고 그들과 전쟁을 할까? 전인권과 한대수가 EXO, 소녀시대와 전쟁을 하는 걸까? 밥그릇이 다르지 않을까? 여러 가지 궁금증이 떠오른다.

3.

달려온 시간?
이제부턴 곁으며
만끽할 시간!

인생은 윷판이다, '빽도'가 어때서?

○
○
○
○
○

아, 또 저 표정이다. 기획재
정부 기자실에 아는 공공기관장이 인사차 들를 때가 있다. 나
를 보고 뜻밖이라는 표정을 짓는다. "어! 왜 여기 앉아 있어
요?"라며 애처로운 표정을 보인다. 신문사 대표까지 하고, 나
이도 오십이 넘은 사람이 왜 기자실에 앉아 있느냐는 얘기다.

20년 전 사무관과 기자로 만났다. 이제는 공공기관장과 기
자로 만난다. 한 사람은 정점에 올랐고, 한 사람은 출발한 자
리로 되돌아왔다. 자리와 사람이 동일시되는 세상. 패배자,
낙오자로 인식되기 십상이다. 뒤로 한 칸 가는 게 윷놀이의

'빽도'다. 윷이나 모를 치고 있는 그들에게 나를 '빽도'로 보는 시선이 깔려 있다.

로맨틱 코미디 드라마 〈별에서 온 그대〉는 러브라인 사이로 경쟁과 승부, 성공과 좌절로 얼룩진 우리 사회를 재미있게 묘사했다. 주인공 천송이와 한유라는 경쟁자다. 둘은 남의 결혼식장에서 사진을 찍을 때도 더 튀려고, 이기려고 온갖 포즈를 잡는다. 송이의 절친인 '착한' 세미마저 송이의 위기를 틈타 거짓말까지 하며 기회를 잡는다. 친구도 동업자도 없다. 경쟁자인 동시에 친구를 뜻하는 도반(길동무)은 없다. 사방이 적인 초경쟁 사회다.

꼬리 잘못 내리면 맛이 간다. "어쩌다 보니 빽도 했어"라고 쫄면 안 된다. 공직을 그만두고 민간기업 대표가 된 선배가 찾아왔다. 세종시 생활이 어떠냐고 묻기에 "군자가 됐다"고 했다. 공부할 시간도 있고, 먼 곳에서 찾아오는 벗도 있다. 나이를 떠나 후배들과 어울리니 바로 논어의 군자삼락(君子三樂)과 일치한다며 이야기를 풀어놓았다.

인생에는 승자, 패자만 있는 게 아니다. 다른 길도 있다는 얘기다. 돌아온 답변은 "힐링하고 다시 일어서야지"였다. 틀림없는 위로의 말이다. 백이면 구십구 이런 식으로 대한다.

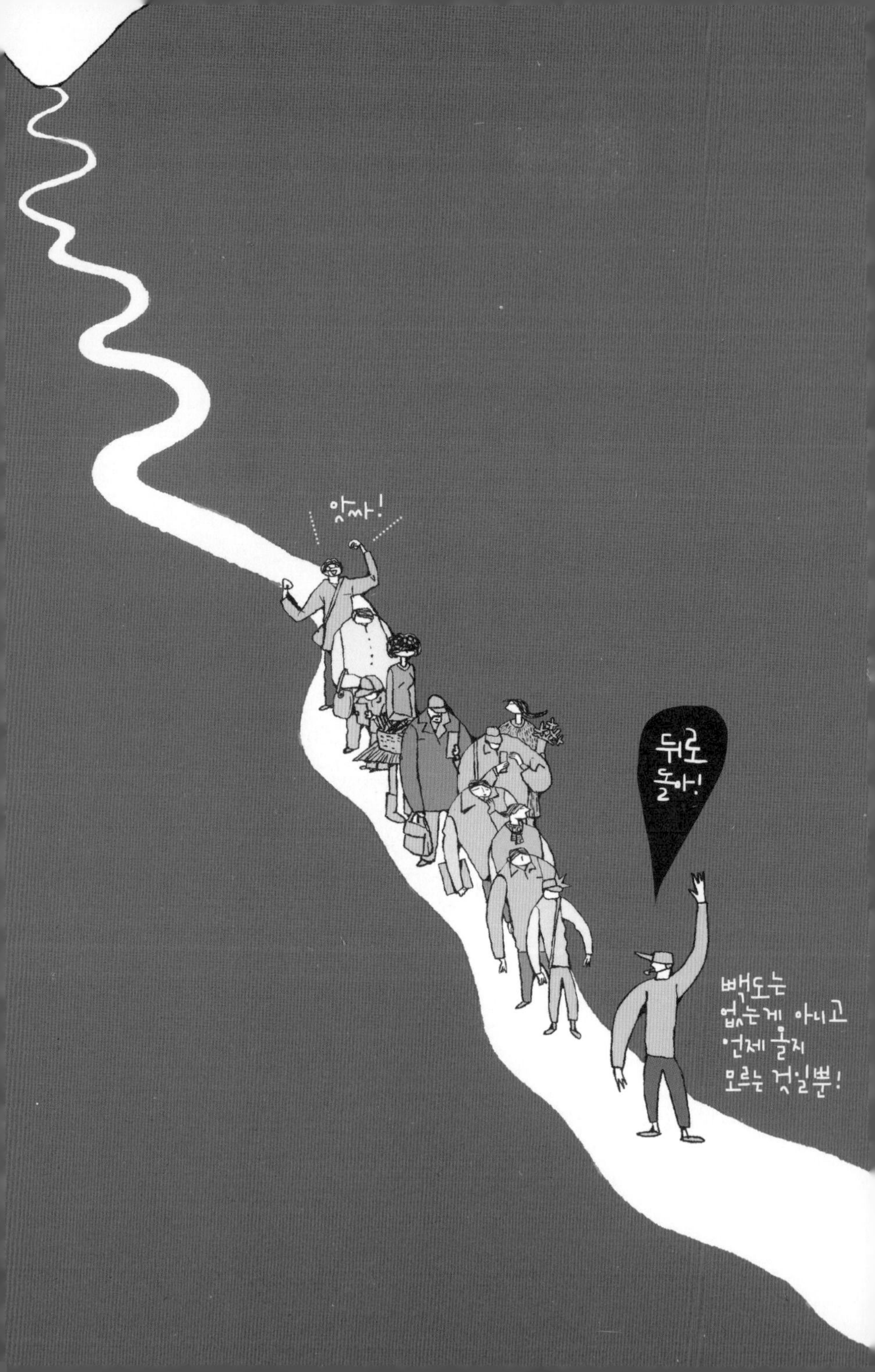
앗싸!
뒤로 돌아!
빽도는
없는게 아니고
언제 올지
모르는 것일뿐!

뜻은 고맙지만 별로다. "그래 내가 졌다. 나 자빠졌다." 이렇게 대답해야 속이 시원할 모양이다. 위로와 격려조차도 경쟁 사회의 성공과 실패의 틀 안에 있다. 50년 동안 백악관을 출입하고 90세에 지방지에 다시 취직한 헬렌 토머스라는 기자의 전설적인 이야기를 들려줘도 귓등으로 듣는다. 높이 달린 담장 위의 포도를 포기하며 "시어서 맛이 없을 거야"라고 변명하는 여우의 신포도 취급을 받는다.

나도 막가야 사람들이 말귀를 알아들을 것 같다. "철 좀 드세요 제발!" 나를 위로하는 사람들에게 하고 싶은 말이다. 한 모임에서는 선배들이 "자신이 할 일, 계속 할 일이 있다는 게 중요해. 진짜 좋은 선택이야"라고 좋아했다. 공공기관장을 역임한 분, 선거에 나가 지자체장을 역임한 분도 있다. 이 성님들 지금은 쉬고 계신다. 대한민국 남자들 이게 문제다. 찬밥을 먹어봐야 정신을 차린다. 찬밥 먹으며 대접이 소홀하다고 씩씩거리다, 쉰밥을 먹어야 철드는 사람도 많다. 너무 늦게 철든다. 나를 포함한 우리들 얘기다.

〈꽃들에게 희망을〉이란 우화는 경쟁에 매몰된 사람들을 애벌레 취급한다. 줄무늬 애벌레 한 마리가 꿈을 찾아 여행을 떠난다. 저 높은 곳으로 오르는 애벌레 무리에 합류한다. 애벌레 기둥의 정상에 오르려면 동료를 밟고 위의 애벌레를 밀어 떨어뜨려야 한다. 줄무늬는 나비의 눈빛에 이끌려 내려와서 자기 몸에 고치를 두르고 줄무늬 나비로 다시 태어난다. 사랑으로 태어난 나비는 하늘로 날아올라 세상에 널려 있는 애벌레 기둥들을 내려다본다. 맹목적 경쟁이라는 이름의 바벨탑을 쌓아 올리며 추락을 되풀이하는 애벌레들 위로 두 마리 나비가 날고 있다.

100세 시대에 딱 들어맞는 우화다. 조직이 나에게 잠깐 맡긴 자리를 자신이라 생각하는 착각부터 버리자. 60세 시대에는 자리와 사람이 한동안 일치했다. 이제는 다르다. 출세하고 승리해도 잠시일 뿐 그 자리를 벗어난 더 많은 삶이 남아 있다. 남산에서 돌 던지면 은퇴한 국회의원, 장·차관, 기업 임원 등이 맞을 게 분명한 세상이다. 진짜다. 한번 던져보라. 가까스로 꼭대기에 올랐는데 떠밀린 추락만이 남아 있다면 허망하다. 기둥 밑을 맴돌면서 대장 애벌레 행세를 계속한다면 모두 피곤할 뿐이다. 스스로 만든 권위와 허세라는 감옥에서 나와야 한다. 어떻게? 빽도로.

빽도는 반전이다. 열심히 도, 개, 걸, 윷, 모를 하며 돌아도 결과는 모를 일이다. 다른 말에 잡혀 죽을 수도 있다. 도 자리에서 빽도는 단번에 결승점에 들어온다. 모를 연이어 네 번 해야 얻을 수 있는 결과를 한 번에 만든다. 자신이 선택해서 행복하고 좋으면 그만이다. 김정운 여러가지문제연구소 소장은 "재미있는 것을 선택하는 게 아니라 선택하면 재미있어진다"고 했다. 남 따라하지 않고 내가 선택한 빽도는 행복하다. 어깨를 쭉 펴고 외쳐보자.

"빽도, Why not?"

착륙해야 하나
이륙을 꿈꾸나

°
°°
°°
°°
°

　　　　　　　　　　　부러우면 지는 거다. 그런
데 부럽다. 베트남에서 1년 반 만에 돌아온 친구를 환영하는
술자리가 있었다. 소형 증권사 임원 때 베트남어를 독학하고,
퇴직한 뒤 현지 대학에서 베트남어를 공부하고 있는 친구다.
사업 아이템이 생겼다며 다시 돌아간단다. 여기까지는 "장하
다"고 격려했다. 페이스북으로 여학생들 사진을 보여주면서
'한국어 선생'으로서 인기가 최고라고 침을 튀며 자랑한다.
다들 눈꼴이 시어진다. 확, 제수씨한테 이를까 보다.
　　이런 사람 많지 않다. 미리 이모저모 준비한 친구들은 찾

아보기 어렵다. 다들 불안하다. 과부 사정은 홀아비가 안다고 친구들을 찾기 시작한다. 반창회, 동창회를 뻔질나게 드나든다. 조금은 허접한 사업 아이디어와 직장에 대한 불만, 노후 자금 걱정, 소나무 껍질처럼 드세진 마누라 험담, 자식 얘기를 나누며 시간 가는 줄 모른다. 많은 대화를 했지만 무슨 얘기를 했는지 알쏭달쏭한, 그렇지만 즐거운 시간이 지나간다. 카카오스토리와 밴드는 갈수록 바빠진다. 직장을 그만둔 친구 수를 세는 게 일이 된다. 일 좀 할 만하니까 내려와야 한단다. 그동안 맡은 일은 열심히 했다. 회사 밖으로 나오면 할 줄 아는 게 없다. 꽁지 빠진 닭, 끈 떨어진 연 신세다. 고물상에 버려진 낡은 자전거 취급이다. 한번 버려지면 녹슬고 더 엉망이 된다. 지금까지 일해온 날만큼의 많은 날들이 남아 있다. 이렇게 불시착하면 난감하기 이를 데 없다.

안전한 착륙을 준비해야 하나, 아니면 다시 이륙을 꿈꿔야 하나. 예전에는 착륙하면 끝이었다. 지금은 정년 뒤에도 20~30년은 더 활동할 만큼 수명이 길어졌다. 그런데 예정보다 빨리 퇴직하는 불시착이 많아졌다. 다시 이륙하지 않으면 안 된다. 그런데 이륙은 전적으로 개인의 몫으로 남아 있는 상태다. 준비가 부족하다. 다시 이륙할 수 있을까? 은퇴

(retire)는 영어로는 시작이다. 타이어(tire)를 바꿔(re) 끼는 게 은퇴다. 끝이 아닌 시작이 맞다. 바꿔 낄 준비를 개인이나 사회나 너무나 등한시한 게 문제다. 100세 시대가 너무 갑자기 닥쳐 불가피한 측면도 있다고 생각하자. 이제라도 시작하면 된다. 아니 시작해야 한다. 마음을 다잡고 자신감을 찾는 게 먼저다.

다섯 살 많은 선배들이 있다. 이분들 나만 보면 "한창 나이야" 하며 부러워한다. 5년 전에도 그랬고 10년 전에도 그랬다. 내가 입사했을 때부터 지금까지 "5년만 젊었더라면"을 입에 달고 산다. 후배의 젊음을 부러워만 하는 것은 어리석은 일이다. 당신은 지금도 충분히 젊다. 남은 인생에서 지금보다 더 빠른 때는 없다. 한국일보 사장을 지낸 장명수 이화학당 이사장이 20년 전쯤에 쓴 칼럼 내용을 기억을 더듬어 재구성했다. 그렇다. 지금이 당신의 인생에서 시작하기 가장 빠른 순간이다.

여든 살이 넘어서도 58년 개띠라고 '사기 치고' 다닌다는 이시형 박사는 충분히 다시 시작할 수 있다고 말한다. 그는 40대 후반에서 60대를 YO(Young Old)로 부른다. YO를 '어른애'로 표현해도 좋을 듯하다. 그는 "창의력은 전두엽의 의

욕과 측두엽의 경험으로 이뤄지는데, 측두엽의 기억창고에 든 게 없다면 창조는 이뤄질 수 없다"고 했다. 경험, 즉 나잇살을 먹어야 창의성도 생긴다는 얘기다. '어른애'가 창의적이라는 설명이다.

현대미술사에서 가장 창의적인 미술가로 마르셀 뒤샹을 꼽는 사람이 많다. 뒤샹 이전과 이후로 나눌 정도다. 현대미술의 아버지 자리를 놓고 피카소와 경합한다. 뒤샹을 이렇게 만든 게 변기통이다. 뒤샹은 낡은 남자 소변기를 뒤집어 '샘(fountain)'이라는 제목으로 출품했다. 뒤샹은 이미 헌 자전거 바퀴를 의자 위에 세워놓은 '자전거 바퀴'라는 작품을 발표한 적이 있었다. 한참 쓰다 버렸음직한 쓰레기를 예술품으로 만들었다.

미술사적 의미는 미술평론가에게 맡기자. 그러나 예술가에게 100세 시대 공로상을 주라면 나는 뒤샹을 택하겠다. "귀하는 용도 폐기될 위기에 처한 '어른애'들의 인생이 마음만 먹으면 창의적인 예술품으로 변한다는 사실을 '샘'과 '자전거 바퀴'를 통해 증명했으므로 이에 상장을 수여합니다." 착륙이냐 이륙이냐, 퇴행이냐 전진이냐, 퇴물이냐 예술품이냐. 중년은 야누스의 얼굴을 가진 시기다.

흑과 백, 미와 추. 야누스의 얼굴 중 무엇으로 결정할지는 당신의 선택에 달려 있다고 뒤샹은 얘기한다. 그냥 우리는 선택하면 된다. 나의 인생은 쓰레기가 아니라 예술품이라고.

"나 소변기 아냐, 샘이라니까, 짜샤!"

꿈을 향한 한 방, 아직 갖고 계십니까?

"야, 국립공원 관리공단에 숲 관리직이 있다더라. 들어갈 방법 좀 알아봐주라."

"은퇴하면 숲을 벗 삼아 지내고 싶다. 돈도 벌고." 다들 귀를 쫑긋한다.

"그런 게 있어?" 귀농이 생각보다 어렵다는 얘기를 하다 화제가 바뀐다. 주거니 받거니 하는 술잔 위로 화제는 제멋대로 춤춘다. 은퇴 후에 하고 싶은 일, 해야 할 일을 찾는 자그마한 '꿈'과 '희망'으로 대화를 채운다. 꿈과 희망은 같은 뜻인가? 사전에는 차이가 있다고 설명한다. 꿈은 실현 가능성이 낮고

추상적이다. 희망은 실현 가능성을 염두에 둔 구체적인 내용
이다. 꿈과 희망이 섞인 장밋빛 칵테일이 술자리를 달군다.

박완서의 소설 《그대 아직도 꿈꾸고 있는가》에서의 꿈은
헛된 망상이다. 남성 중심의 사회 속에서 '사랑'을 좇다 이리
저리 치이는 여인의 이야기다. 중학교 교사인 문경은 유학 간
남편을 기다리다 아이가 없다는 이유로 이혼을 통보받는다.
그녀는 대학 동창인 상처(喪妻)한 치과의사 혁주를 만나서 사
랑에 빠지지만 또 배신당한다. 병원을 차려주겠다는 부잣집
에 처녀장가를 보내려는 혁주 어머니와 못 이기는 척 따르
는 혁주의 이기심 때문이다. 임신한 문경은 학교에서조차 쫓
겨난다. 사랑이라는 상식을 믿고 평범한 행복을 좇는 문경의
'꿈'은 항상 뒤통수를 맞고 좌절한다. 그래도 꿈에서 깨지 못
해 소설의 제목이 '그대 아직도 꿈꾸고 있는가'인가 보다.

꿈이 배반당하는 이유는 어려운 도전이 반드시 뒤따르기
때문이다. 문경에게는 남성 중심주의라는 인습이 꿈을 가로
막는 커다란 장애물이다. 연애할 때 남자는 "저 하늘의 별을
따줄게"라고 속삭인다. 아름다운 꿈의 약속이다. 그러나 실
행하기에는 어려움이 따른다. 별에 가기도 어렵고, 딸 수도
없다. 꿈은 본래 관념일 때 아름답지만 실행에 옮기면 고통을

수반한다. 그래도 도전은 계속된다. "난 꿈이 있어요. 그 꿈을 믿어요. 나를 지켜봐요. 저 차갑게 서 있는 운명이란 벽 앞에 당당히 마주칠 수 있어요. 언젠가 난 그 벽을 넘고서 저 하늘을 높이 날 수 있어요." 인순이의 '거위의 꿈'이다. 이 노래를 듣고 또 꿈을 키운다.

우리는 불나방처럼 꿈을 좇는다. 구글에 '꿈'을 치면 4520만 개의 웹페이지를 찾아낸다. '희망'은 2990만 개가 나온다. 꿈이 1.5배나 많다. 현실적인 희망보다는 실패하더라도 더 큰 꿈을 좇는다는 얘기다. 영어로 검색하면 다른 결과가 나온다. 꿈인 'dream'(3억 6100만 개)보다 희망인 'hope'(5억 400만 개)가 훨씬 많다. 이 분석, 아주 정확하다. 빅데이터를 조사하는 사람들은 '구글신'이라 부른다. 미국의 대통령 선거, 우리나라의 지난 대통령 선거와 서울시장 보궐선거에서 정확성이 입증됐다. 투표 전날 검색된 후보들의 웹페이지 비율이 득표율과 유사했다. 지방선거 유력 후보들을 검색해보라. 놀라게 된다.

우리가 이처럼 꿈꾸길 좋아하는 이유를 짐작해본다. 꿈을 이뤄봤기 때문일 것이다. 운명이란 벽을 넘어봤다. 2차 세계대전 이후 유일하게 산업화와 민주화를 동시에 성취했다. 아무도 못 이룬 꿈을 우리가 이루어냈다. 가난과 독재를 이겨냈다. '꿈은 헛되다'보다는 '꿈은 이루어진다'가 익숙하다. 40대부터 60대 중반의 신중년은 불가능하다고 여겨졌던 꿈을 현실로 만든 경험을 공유한다. 손을 맞잡고 해냈다. 젊은이들의 어려움도 손을 잡고 극복해낼 수 있다고 꿈꿔본다.

친구들의 헛헛한 술자리 대화는 꿈이라기보다 자그마한 희망이다. 함께하는 공동체의 꿈, 우리들의 꿈은 이뤄봤다. 개인으로 돌아와 보면 사정이 다르다. 그런데 내 꿈은 뭐였더라? 이제 꿈은 포기하고 자그마한 희망에 만족해야 하나? 늙었나? 영화 〈시네마 천국〉에서 어린이에게 영화는 미래를 향한 꿈이다. 어른이 되면 같은 영화도 과거를 되새기는 추억이 된다. 신중년은 꿈꾸지 못하고 추억만을 새겨야 할 나이인가? 아무래도 아닌 듯하다. 살아야 할 날이 남아도 너무 많이 남아 있다.

중년은 이제 두 개의 얼굴을 가진 야누스와 같다. 새해를 시작하는 1월(January)이 야누스(Janus)에서 나왔다. 한쪽 얼굴로 과거를 보며 추억을 새기고 반성도 할 수 있다. 다른 한쪽 얼굴로 미래를 바라보는 어린애처럼 꿈을 꿀 수 있다. 중년의 꿈은 출세를 의미하는 청운의 꿈, 어린아이의 대통령 꿈

과는 다를 수 있다. 그래도 소중한 꿈을 간직할 수 있지 않을
까. 당신은 어떤 질문을 스스로에게 던질 것인가.

"그대 아직도 꿈꾸고 있는가?" 아니면 "그대 아직도 꿈꿀
수 있는가?"

'망하고 시작하는 창업',
50대, 남은 열두 척의 배는

○
○
○
○
○

A씨 부부는 막창에 소주 한 잔을 기울였다. 6년 전 4억 7000만 원을 들여 차렸던 가게를 막 정리했다. 빚잔치를 하고 남은 돈은 수천만 원에 불과했다. 휴일도 쉬지 않고 일을 한 대가가 빈털터리다. 준비도 부족했지만 돌이켜보니 이미 망하고 시작한 장사였다는 생각이 들었다.

A씨가 소주잔을 채우며 아내를 위로한다. "다시 일어서면 돼." "돈은 잃었지만 아직 건강하잖아." "우리에게는 아직 열두 척의 배가 남아 있어." "시원섭섭하지?" 아내는 펄쩍 뛴

다. "섭섭하긴 뭐가 섭섭해? 시원하지." 미련도 없다. 코가
꿰여 억지로 했는데 코뚜레라도 풀었으니 다행이란 얘기다.

A씨는 출판사 사장에게 출판 의뢰 메일을 보냈다. '망하고
시작하는 창업 이야기.' 책의 가제목이다. "창업 희망자는 생
태계의 송사리입니다." "자영업 창업은 건물주, 프랜차이즈
본사, 부동산업자, 컨설팅사의 먹잇감이 되기 십상입니다."
"제가 망해본 경험을 공유해 은퇴자들이 인생 2막에 나락으
로 떨어지는 사례를 줄이고 싶습니다." 이런 내용이다.

A씨 부부가 대학로 큰길가 100제곱미터(33평) 카페에 코
가 꿴 것은 막대한 초기 투자비와 권리금 때문이다. A씨는 임
대보증금 1억 원, 권리금 1억 5000만 원, 설비투자 및 인테리
어 공사 등 프랜차이즈 본사에 지급하는 비용 2억 원, 부동산
중개료와 기타 창업비용 2000만 원 등 총 4억 7000만 원을
들여 창업했다. 임대보증금 1억 원을 빼고는 이미 내 돈이 아
니다. 계약 기간 2년 안에 회수해야 한다. 불가능한 일이다.

가게 문을 열고 불과 2~3개월 뒤에 '이게 아닌데'라는 생
각이 들었다. "사모님 월 1000만 원은 벌 수 있어요"라고 꼬
드기던 프랜차이즈 본사는 단물을 빨아먹고 난 뒤에는 신경
도 안 쓴다. 신규 창업자 유치에만 몰두한다. 오픈 '빨'(가게 문

을 연 뒤 장사가 잘되는 현상)이 떨어져 손님이 줄어들기 시작한다. 늦었다. 돌이킬 수 없다.

'장사'의 실체를 알아간다. 상인들은 다 같은 상인이 아니다. 젊었을 때부터 잔뼈가 굵은 베테랑과 월급쟁이로 은퇴한 뒤 새 길을 모색하는 신참자로 나뉜다. A씨 부부가 빈털터리가 되고도 '그나마 다행'이라고 생각하는 것은 신참들의 '더 비참한 운명'을 많이 보았기 때문이다.

A씨의 아내는 오른편 건물의 주점 사장과 왼편 건물의 정육점 식당 사장이 궁금하다. 50대 중반 퇴직자인 B사장은 자리마다 TV를 설치하는 신종 주점을 준비하며 창업 컨설턴트와 함께 카페를 들락거렸다. 새 삶에 대한 희망으로 빛나던 그의 얼굴은 갈수록 누렇게 찌들어갔다. 임대료도 제때 내지 못하게 된 B씨는 권리금 한 푼 못 받고 나갔다. 고깃집 C사장은 설날에 도주했다. 임대보증금은 제2금융권에 담보로 잡히고 대출을 받았다. 권리금을 받고 가게를 넘겨봤자 밀린 임대료와 밀린 임금, 외상 고깃값을 감당하지 못하는 깡통가게이니 연휴를 틈타 도망친 것이다.

A씨 부부는 '곧 망할 것'이라는 주변의 우려에 비해 잘 버틴 셈이다. 열심히 일해 자그마한 수익이라도 냈다. 특히 건

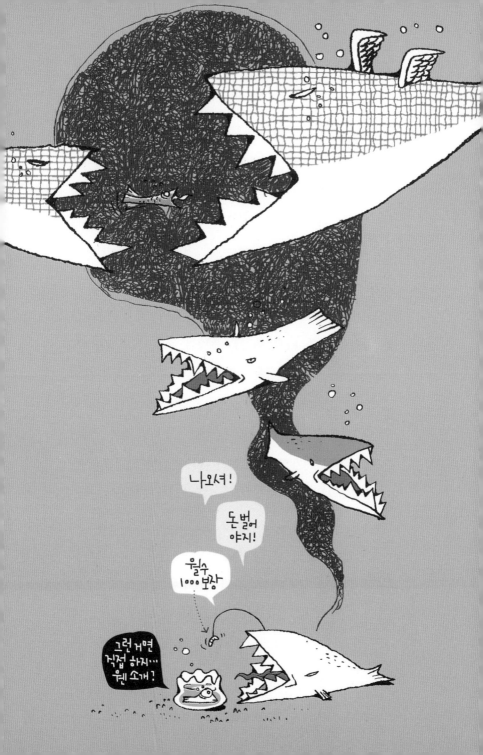

물주를 잘 만났다. 6년 동안 월세를 올리지 않았다. 인상 요구를 할 때 사정을 설명하니 양해해주었다. 보통 계약은 2년 단위로 연장하기 때문에 나가라면 나가야 한다. 권리금 회수는커녕 추가 비용이 들 수도 있다. 계약서에 '권리금은 인정하지 않는다'와 '나갈 때 건물을 원상회복해야 한다'는 조항이 있기 때문이다.

장사가 잘되는데 계약 종료를 이유로 쫓겨나는 경우가 많다. 투자비를 회수하지 못했다고 버텨도 건물주가 명도소송을 제기하면 끝이다. 카페, 화장품 판매점, 닭갈비집, 중국집이 그렇게 떠났다. 건물주들은 법인에 세주는 것을 선호한다. 낡은 건물을 고쳐 새 건물로 만들어주고 임대료도 많이 주기 때문이다. 그래서 큰 회사가 건물을 쓰겠다고 하면 기존 사업자를 쫓아내는 사례가 많다. 그렇기 때문에 장사를 오래하려면 장사만 잘해서는 안 된다. 건물주에게 쫓겨나지 않아야 한다.

A씨는 다행히 쫓겨나지 않았다. 권리금을 받고 가게를 넘겨주었다. 6년 동안 월세가 동결됐으니 넉넉히 40퍼센트 범위에서 인상될 것으로 생각하고 건물주에게 알렸다. 그런데 청천벽력 같은 소리를 들었다. 보증금을 두 배로 올리고, 월세를 70퍼센트 올리겠다는 통보였다. 새로운 세입자와의 계

약이 깨졌다. 이 사람이 그 사람인가 생각할 정도로 안면을 바꾼다.

권리금을 대폭 낮추고 보증금 인상을 줄이는 범위에서 가까스로 새로운 계약자를 찾았다. 그래서 손에 쥔 돈이 2억 원. 폐업신고를 했더니 바로 거래 은행에서 돈을 상환하라고 연락이 온다. 낡은 기계를 팔려고 하니 구입가의 10퍼센트도 쳐주지 않는다. 고급 수입품인 줄 알았던 기계가 국산인 경우도 있다. 이래저래 허당이었다.

그래도 장사를 시작하고 처음으로 빚이 없는 상황이 되니 홀가분하다. A씨의 아내는 행복해졌다. 아르바이트생들이 감사 편지와 케이크로 '백조'가 된 것을 축하해주는 깜짝 파티를 열어주었다. 귀고리 선물도 받았다. 한 여학생은 서울 엄마처럼 의지했다며 이별을 아쉬워했다. 어렵게 가게를 하면서도 누구를 속이거나 양심을 팔지 않는 마지막 자존심을 지켰다고 스스로 위로한다. 더는 주말에 일하지 않아도 된다.

창업을 고려하는 친구들 여럿을 말렸다. "장사나 해볼까 해." 이렇게 말하면 100퍼센트 망할 사람이다. 망하지 않으려고 몇 달을 준비하고도 망했다. "창업은 한마디로 맘고생 몸고생이야." "임대료, 재료비, 인건비, 전기료, 공과금 내고 나면 내 인건비는 아예 꿈도 못 꿔." "수억 원 투자해서 남들 재밌게 노는 빨간 날은 더 바삐 일하고, 알바보다 못한 수입을 손에 쥐는 기분이 어떤 건지 알아?" 사람들이 이 말을 곧이곧대로 듣는 것만은 아니다. '네가 무능해서 그렇지'라고 생각하는 사람도 많다.

A씨 부부에게 출판사 사장이 이렇게 말했다고 한다. "안 된다고 하는 책은 팔리지 않습니다. '이렇게 해서 성공했다', '대박 나는 창업 이야기' 하는 식으로 써야 합니다." A씨 부부도 이런 책 여러 권 읽었다. 발품도 많이 팔았다. 중년은 은퇴 후 실패하면 재기하기조차 힘들다. 실패가 자산인 젊은이와는 다르다. A씨는 생각한다. '책이 아니면 말로라도 말리고 다녀야지.'

은퇴 후 가장 위험한 선택은 창업

미래에셋증권은 인생 후반 재정적 안녕을 흔들 수 있는 5대 리스크를
발표했다.

인생 후반 5대 리스크는 ▶은퇴 창업 리스크 ▶금융사기 리스크 ▶
중대 질병 리스크 ▶황혼이혼 리스크 ▶성인 자녀 리스크다.

창업은 은퇴자들의 위험한 선택이다. 자영업자 571만 명 가운데
54.5퍼센트가 50대 이상 장년·노년층인 것으로 나타났다. 자영업에
실패하여 창업비용을 잃는 경우, 평균 6570만 원(2010년 기준)의 손실을
떠안았다. 또 금융사기에 취약하다. 50대 이상 네 명 중 한 명은 금융사
기를 당했거나 당할 뻔한 적이 있는 등 금융사기에 노출됐다. 금융사기
피해 금액은 평균 7000만~8000만 원 수준이었다.

중대 질병의 위험도 크다. 암, 심혈관 질환, 뇌혈관 질환 등 3대 질병
외에 치매를 앓을 위험 또한 큰 것으로 나타났다. 간병비를 포함한 의
료비 부담은 질병과 연령대에 따라 200만 원부터 1400만 원까지 다양
했다. 황혼이혼도 큰 문제다. 1990년대 이후 전체 이혼 가운데 혼인 기
간 20년 이상인 황혼이혼의 비중이 높아졌다. 황혼이혼 시 부부가 재산
을 분할하므로 각자의 노후 재정 상황이 악화될 수 있다고 설명했다.

성인 자녀 리스크도 간단치 않다. 50~60대 가구의 28.6퍼센트가 학

업 중이지 않은 성인 미혼 자녀와 동거하고 있다. 2012년 기준으로 18세 이상 성인 자녀의 생활비는 월 90만 원, 부모의 결혼비용 부담은 약 4600만 원인 것으로 조사됐다.

미래에셋증권이 조사한 5대 리스크 중 성인 자녀 리스크를 제외한 4대 리스크가 일벌레인 베이비부머의 특성과 관련이 있다.

한번 탄 내 인생,
다시 탈 숯인가 버릴 연탄재인가

○
○
○
○
○
○

　　　　　　　　　　　　　　머리 위에 함지박만 한 보름달이 걸렸다. 하늘채로 이사 간 친구 B가 저녁식사에 초대했다. 펜트하우스보다 순우리말인 '하늘채'가 더 맛깔스럽다. 하늘이 보이는 테라스에 저녁 밥상을 차렸다. B는 고추와 파를 쪼끔 심어놓은 테라스를 '텃밭'이라고 부른다. 시원한 봄바람이 얼굴을 스치고, 내 얼굴만한(누군가 흥보려고 한 얘기다) 보름달 옆으로 별들이 흐른다.

　　"야외에서 구워먹는 고기 맛이 죽이지." B는 하늘채 텃밭에서 숯불을 붙이려고 애쓴다. 맛난 고기를 대접하기 위해 준

천둥과
먹구름 속을
지나온 그대

머언 먼
젊음의
뒤안길에서
이제는
돌아와
거울 앞에선
누님처럼

국화꽃을
피우시길..!

비 중이다. 약속 시간보다 30분 정도 일찍 갔다. 혼자 살면서 손님을 치르려면 손이 부족하다. 내가 숯불 당번이 됐다. 오늘의 주인공은 숯불이다.

참나무는 제 몸을 태워서 숯이 된다.
숯은 참나무의 주검이다.

정숙의 시 '숯'의 일부다. 참숯을 주검에서 부활시키려고 불쏘시개에 불을 붙이고 부채질을 한다. 숯불은 부활한 숯이다. 신문지와 골판지를 불쏘시개로 사용했다. 젠장, 생각처럼 불이 잘 안 붙는다. 신문지와 골판지의 불꽃이 사그라지면 숯은 연기만 잠시 날리다가 곧 잠잠해진다. 하긴 죽은 걸 살리는 게 쉬운 일은 아니다. 여러분도 잘 알다시피.
"번개탄 없어? 그래야 불이 붙지." 연기와 눈물이 범벅이 되지만 성과는 없다. "숯 봉지 안에 당연히 있는 줄 알았지. 근데 없어. 썩을!" 숯 봉지를 뒤집자 활성탄이 나온다. "어!

있었네." 활성탄을 사용하자 숯이 주검에서 부활해 숯불이 된다. 중년 남성은 부활의 시기다. 죽은 것을 살려내야 한다. 부활을 돕기 위해 필요한 목록을 준비해야 한다. 활성탄, 비아그라 등. 한 번에 말고 조금씩 찾아가보자.

그 주검이 다시 자신을 활활 태우면
불은 그 힘 두 배로 강해진다.

다시 정숙의 '숯'이다. 숯불로 부활한 주검은 두 배로 강해졌다. 열기만 강해진 게 아니라 향기도 있다. 숯불이 살아날 무렵 다른 벗들도 찾아왔다. 술, 고기, 야채 등을 가지고 왔다. 알아서 파무침도 만들고 겉절이도 버무린다. 숯불 주위에 둘러앉아 이야기꽃을 피운다. 참숯 향기로 버무려져 노릇하게 익은 고기에서 육즙이 흐른다. 마늘, 상추, 깻잎, 된장, 소금, 기름, 달빛, 별빛, 눈빛, 바람, 대화, 촉감, 미소, 술, 세상, 세월. 오감과 모든 게 어울려 하룻밤이 빙빙 돌아간다. 숯불을 둘러싸고.

힘든 친구들도 많다. 나라와 사회와 가족에 열정을 쏟아 부었다. 나름 열심히 살았는데 돈도 직위도 없고 가족에게 인정

받지 못하는 친구 C가 있다. 기진맥진해 있다. 안 그런 척하면서 큰소리친다. 오랜 친구들을 만나면 주사가 심해진다. 친구들이 웃으면서 받아준다. 안쓰러운 마음이 크다. 술 먹으면 안도현 시인의 '연탄재'를 큰 소리로 읊조린다.

연탄재 함부로 발로 차지 마라.
너는 누구에게 한 번이라도 뜨거운 사람이었느냐.

다 타버린 연탄재인가. 아니면 두 배로 타오를 숯인가. 무엇인가에 쏟은 열정을 강조하기 위해 시인 안도현은 연탄재를 택했나 보다. 모두 다 태워버린 연탄재에 경의를 표한다. 그러나 대부분의 인생은 그렇지 못했다. 탈 게, 태울 게 더 많이 남은 게 우리네 삶이다.

숯이 됐다는 것은 성숙한 인생이 된다는 의미다. 가마 속에서 수천 도의 열을 묵묵히 견뎌냈다. 속으로 타들어가도 겉으로 그 열기를 모두 뱉어내지 않았다. 미처 태우지 못한 열정이 어딘가에 온전히 남아 있어야 숯으로 익는다. 속이 다 타버려도, 어깨를 비비고 부딪쳐도 형체가 온전히 남아 있다. 나를 온전히 남겼다는, 재가 되지 않고 남아 있다는 사실은 결코 부끄러운 일이 아니다. 살아남은 인생이다. 잘 익은 숯이다. 연탄재에 "다 타셨군요"라고 경의를 표해주자. 절대 발로 차지 마라.

나를 다시 태울 불쏘시개를 찾기가 쉽지는 않을 것이다. 그러나 있다. 이것저것 해보자. 여기저기 들춰보고 뒤집어보자. 찾고 나면 쉽다. "어, 있었네?" 할 수도 있다.

내 주변을 얼핏 봐도 참 다양하다. 두부협동조합, 귀농, 반농반도, 재취업, 공부, 베트남 유학, 지역 문화 해설가, 지역 카페, 1인 출판사. 친구들이 하고 있거나 준비 중인 일들이다.

불붙이기가 힘들지 한 번 타기 시작하면 강력하다. 은근과 끈기에, 향기와 화력을 겸비한다. 다 탄 듯하지만 뒤집어보면 깊은 곳에는 아직도 뜨거운 불길이 숨어 있다. 고기를 좀 더 올려놓고 빈 잔을 채운다. 좋은 친구, 숯불에 구운 고기와 달빛에 적신 소주가 잘 어울린다. 이런저런 얘기를 나누면서 태우지 못하고 간직한 내 젊음의 숯 검댕이를 생각해본다.

"미처 태우지 못한 우리의 열정을 위하여, 건배!"

"노땅들만 말하고 있잖아!"

○
○
○
○
○
○

"뭐하러 오셨어요? 올드보이의 귀환이네?"

"선배는 술자리나 많이 만드시죠."

1년 전 기재부 기자실에 들른 첫날, 나를 알던 후배들이 던진 말이다. 올드보이란다. 15년 만에 세상에 복귀한 올드보이 대수(최민식 분)는 과거에 붙잡혀 결국 꼬꾸라졌었지. 알던 후배들은 불편해한다. 나는 불길한 느낌이 든다.

"최 선배, 그러면 안 돼. 노땅들만 말하고 있어."

기자 여섯 명이 함께 점심식사를 하다가 다른 회사 후배가

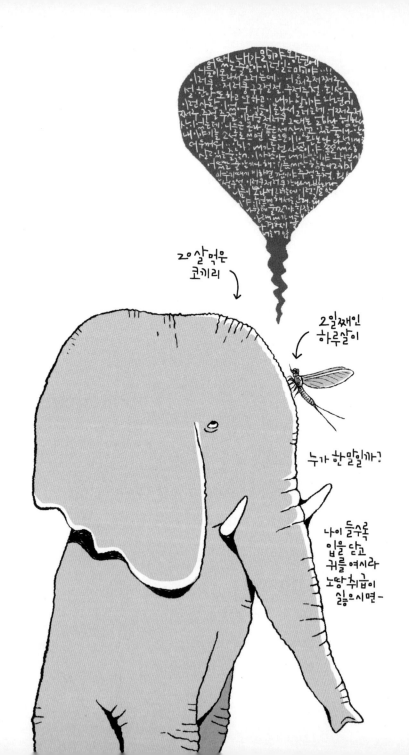

한 말이다. 후배지만 쉰 살 먹은 부장이다. "밥값 내는 사람은 얘기 많이 해도 되잖아." 다들 하하 웃는다. 얼마 전 일이다. 30대 초반에서 50대 초반까지 나이 차가 스무 살이나 나는 동료 기자들끼리 밥을 먹으면서 하는 농들이다.

1년이 지났는데 살아남았다. 그런데 주변을 보면 별로 특별한 일도 아니다. 기재부 기자실에는 부장급 고참 기자가 얼추 10여 명에 달한다. 장년과 청년이 함께 일을 하는 게 기자사회에서는 자연스러워지고 있다. 남들은 자연스럽게 잘하고 있다. 잘해야 한다는 강박관념에 나만 헛힘 쓰고 살았다는 생각도 든다.

친구처럼 가깝게 지내는 동료 겸 후배도 여러 명 생겼다. "젊어지는 데 오랜 시간이 걸렸다"는 피카소의 어록, 은퇴(retire)는 타이어를 바꿔 끼는 시작의 의미라는 얘기도 다른 언론사 후배들에게 배웠다. 100세 시대의 공동 작업자들이다. 이들을 뭐라고 불러야 할까. 선후배, 동료 기자, 친구, 동호인? 적당한 말이 없다. 나이 차가 많이 나도 친구처럼 지내는 관계에 대한 어휘가 마땅치 않다.

이런 관계를 '뜨게 친구'로 불러보자. 우리말에 '뜨게 부부'가 있다. 결혼하지 않고 동거하는 남녀를 말한다. 부부를 본

떴다는 의미다. 나이 차이가 나지만 친구처럼 지내는 게 친구를 본뜬 것과 같으니 뜨게 친구라 부를 만하다. 세상은 변하지만 늦게 변하는 게 있다. 서양에서는 다 친구다. '헤이, 유!'라고 부른다. 우리말로 하면 야자다. 우리말엔 존댓말도 있고 장유유서의 전통도 남아 있어 아주 편한 친구처럼 지내기에는 불편할 수 있다. 남아 있는 전통과 변화된 관계를 고려해 뜨게 친구가 좋을 듯하다.

뜨게 친구를 만들려면 나이로 대접받으려는 생각을 버려야 한다. 남자들은 틈만 나면 '민증(주민등록증) 까자'고 한다. 나이 따져 줄 세운다. 심지어 나이 속이면서 형 대접 받으려 했다. 세상이 변했다. '내가 나이가 몇인데', '예전에 어쨌는데'라는 과거 집착은 '그래서, 뭐가 어떻다고?'라는 대답만 들을 뿐이다. 외톨이가 될 가능성이 크다. 세종에 내려오기 전에 선임 기자가 여러 회사의 후배들을 찾아가 자문을 구했다. "기사 열심히 발굴해 자신의 본분을 다하라"와 "후배들에게 부담 주지 말고 잘 어울려라"는 충고를 받았다. 권위를 버리고 일로 다가서라는 얘기다.

나이가 권위일까? 좋은 의미로 얘기해도 나이는 숫자일 뿐이다. '나이'가 '일'을 잘하도록 만드는 게 중요하다. 뇌과학자 이시형 박사는 "제조업에서 지식산업 시대로 변하는 때 장년, 당신의 노하우가 필요하다"고 말한다. 뒷방 늙은이로 대접받으려 하지 말고 젊은이에게 부족한 경험을 현장에서 창의적으로 발전시키라는 충고다.

후배에게 먼저 다가가기가 쉽지는 않다. 먼저 마음을 열고 다가와준 다른 회사 후배들이 여러 명 있다. 무척 고맙다. 내 경험을 함께 나누고 현안에 대해서도 얘기하다 보니 가까워 졌다. 객지 생활의 고생을 함께 나누니 친해진다. 요즘에는 뜨게 친구들이 저녁 약속에 초대하는 경우도 종종 있다. 평소 자주 어울리는 다른 언론사 간부들이 부르는데 약속이 겹쳤 다. "애들 노는 데 가지 말고 이리 와"라고 꾄다. 나는 옛 친 구를 버리고 뜨게 친구를 선택했다. "팔팔한 애들하고 놀지 냄새 나는 노인들하고 왜 노냐"라고 답했다.

좀 친해지고 가까워진다 했더니 나쁜 버릇이 다시 나온다. 말이 많아지기 시작한다. "노땅들만 말하고 있잖아"라는 것 은 경고다. 귀는 들으라고 항상 열려 있고 입은 닫을 수 있게 되어 있는데, 귀는 닫고 입은 항상 열고 싶은 게 본성이다. 아 니, 나이가 들면서 생기는 나쁜 버릇이다. 얘기한 사람을 따 져보니 여섯 명 중 세 명만 얘기하고 나머지 젊은 후배들은 듣기만 했다. 노땅 세 명이 입을 닫으니 그때야 모두 참여하는 대화가 시작된다.

뜨게 친구가 되려면 말을 아껴야 한다. 17세기 어느 수녀의 기도다. "말 많은 늙은이가 되지 않게 하시고 특히 아무 때나 무엇에나 한마디 해야 한다고 나서는 치명적인 병에 걸리지 않게 하소서." "뱃속에 밥이 적어야 하고, 입에 말이 적어야 하고, 마음에 일이 적어야 한다"는 법정스님의 말씀도 되새겨본다.

내가 왜
당신 '아버님'이냐!

이게 다 원빈 탓이다. 무슨 소리냐고? 들어보면 안다.

"아버님, 이쪽으로 오세요."

'워매! 날더러 아버님이라네.'

2년 전쯤 낯선 여인에게 아버님 소리를 처음 들었을 때 망치로 뒤통수를 맞은 기분이었다. 뒤통수가 떵하고 다리가 스르르 풀리면서 하늘이 노랗게 보였다. 마치 나도 몰랐던 나의 아이가 나타나서 "아버님!" 하고 부를 때의 충격과 같을 듯하다.

그 소리를 2년 만에 또 들었다. 회사에서 지원하는 종합건강검진을 받았다. 예쁜 간호사가 "아버님, 이쪽으로 오세요" 하며 친절하게 안내한다. 속으로 '내가 왜 당신 애비냐' 하면서 쫓아간다. 2년 전보다는 덜하지만 충격은 여전하다.

2년 전에 허리가 아파 동네 정형외과에 갔다. 동네 할머니, 할아버지들이 아침 일찍부터 기다리고 계신다. 문을 열기 전에 이미 대기하고 있다. 접수를 하는데 40대 아줌마 간호사가 "아버님, 잠깐만 기다리세요" 한다. 잠깐은 무척 길었다. "가는 세월 그 누가 막을 수가 있나요"라는 서유석의 노래 가사가 떠오른다. 옆에 있는 할아버지를 보면서 '이제 나도 늙었나'라고 자문해보기도 한다. 허리가 아파서 갔다가 마음이 다쳐 돌아왔다.

전에도 아버님이란 소리를 들은 적이 있다. 아이들 학부형 자격으로 학교에 갔을 때 선생님들이 "○○이 아버님" 하고 불렀다. 그때는 더 젊었지만 흥분하지 않았다. 선생님들도 다 여선생님이었다. 선생님의 아버님과 간호사의 아버님, 차이는 뭘까. 무엇이 중년의 남성을 열 받게 하는가.

아버님은 누군가의 아버지를 의미한다. 또는 나이 든 남자를 뜻한다. 우리를 열 받게 하는 아버님은 나이 든 남자와 성적 대상조차 되지 못하는 남자가 겹쳐졌을 경우다. 아들은 엄마를 좋아하고 딸은 아빠를 좋아한다. 전자를 오이디푸스 콤플렉스, 후자를 엘렉트라 콤플렉스라고 한다. 콤플렉스가 극복되고 성적으로 성숙하면 엄마와 아빠는 성적 애착을 가져서는 안 되는 금기의 대상이 된다.

그래서 나를 모르는 성숙한 여인이 부르는 '아버님'은 '당신은 성적으로 아무것도 아닌 늙은 남자'라는 의미가 들어 있다. 늙어도 남자인데. 숟가락 들 힘만 있어도 여자 생각 하는 게 남자라는데. '모든 여자에게 성적으로 아무것도 아닌 존재'로 취급받으니 열 받는 거다. '아니, 누가 사귀자고 했냐고. 왜 나를 거세하냐고.' 열 받을 만하다. 사실은 부르는 사람에게 화내는 게 아니라 자신의 처지를 한탄하는 거다.

오빠, 아저씨, 삼촌, 자기, 아버님, 선생님. 어떤 호칭이 좋을까. 오빠나 자기는 아니다. 오빠, 동생 하더니 여보, 당신 하더라 하니 오빠는 아니고, 자기는 사귀는 사람끼리 주로 부르는 호칭이니 당연히 아니다. 여자에게 아줌마가 있다면 남자에겐 아저씨가 있었다. 아줌마와 아저씨가 깔보는 어감이 있어서 이모, 고모나 삼촌으로 바뀌었다. 그래도 아저씨를 많이 썼는데 이제는 이마저 힘들다.

아저씨는 원빈 이후와 이전으로 나뉜다. 아저씨란 단어의 의미가 협소해졌다. 영화 〈아저씨〉에서 원빈은 정말 멋있다. 꽃미남이 식스팩까지 갖고 있다. 가족애, 이웃에 대한 사랑, 열정, 냉철함, 판단력, 정의감, 전략, 액션, 과묵함. 모든 것을 갖춘 사람이 아저씨다. 나를 지켜주는 그는 멋진 남자다. 40~50대 중년은 아저씨란 단어의 용처에서 제외되었다.

프리큐는 'Ay Josh(아저씨)'에서 "내 나이 서른에 이젠 나도 모르게 손가락질하며 잔소리만 늘었네. 하지만 난 아직 젊다네. 몸은 30 but 맘은 20, 아직 좀 놀 줄 아는 아저씨"라고 노래했다. 장미여관도 "나이 서른이 넘도록 울고 있는 나는 주책맞은 아저씨. 아, 나는 혼자 있네"라고 한탄한다. 원빈만큼 멋지진 않지만 어쨌든 30대들이 자신의 20대 젊음과 대비하며 스스로를 아저씨로 부른다.

부를 호칭이 마땅히 없다. '선생님'이란 호칭도 그렇다. 존경하는 사람에게 쓰는 호칭이지만 선생님이라 불러달라고 요청하기도 힘들다. 상대가 '아버님'이라 부른다고 화내지 말고 나 스스로 아저씨로 비비고 들어가야 한다. 할 수 있다.

2년 전 경험이 생각난다. 병원을 나선 뒤 바로 집에 들어오자마자 입고 있던 어르신 냄새가 나는 남방셔츠를 버렸다. 아내가 딸이로 사온 셔츠인데 디자인이 온통 사각형이고 색깔도 칙칙해서 영 마음에 안 들었다. 바로 청바지와 시원한 청색 남방셔츠를 사 입었다. 아내의 향수도 훔쳐 뿌리고 스킨도 열심히 발랐다. 아낙들의 눈빛이 달라졌었다. 한동안 신경 끊고 있었는데 다시 옷차림과 외모에 신경 좀 써야겠다.

종합검진을 마치고 문진 시간이 됐다. 나이가 나보다 좀 어리거나 비슷해 보이는 남자 의사가 친절하게 설명한다. "고지혈증도 있고 혈압도 높아요. 남 탓하지 마세요. 기계 오랫동안 막 쓰면 어떻게 되죠? 약도 드시고 생활습관도 고치세요." 근데 이 양반, 말이 좀 많다. "마음은 젊지만 몸은 그렇지 않죠, 아버님?"

"예."(근데, 내가 왜 당신 아버님이냐! 이 아버님아!)

삶에서 받침만 빼니
'사(死)'

°
° °
° °
° °
°

　　　　　　　　　　최근 또래들이 갑자기 죽었
다는 비보를 여러 차례 들었다. 40대 후반에서 50대 초반의
후배, 친구, 선배가 유명을 달리했다. 안전사고, 교통사고, 또
는 심장마비로 세상을 등졌다. '어! 뭐라고?' 말문이 막힌다.

　그의 체온, 그와 나눈 대화와 한 끼 식사가 아직도 생생하
다. 유족들은 가장의 죽음이 더더욱 실감나지 않는다. 멍한
상태에서 손님을 치르느라 슬픔을 느낄 겨를도 없다. 벗들과
친지들은 장례식장에서 그의 죽음을 애도한다. 마지막 가는
길을 지켜본다. 대부분 거기가 끝이다. 어지간히 친하지 않으

면 세상을 하직한 벗의 가족과는 멀어져 간다.

죽음이 생각보다 가깝게 있다. 어떤 사고와 질병이 갑자기 찾아올지 모른다. 100세 시대라서 더 안타깝다. 돌연사를 보면서 '만일 그런 일이 나에게 생긴다면' 하고 상상해본다. 꽃잎이 빨리 지는 걸 아쉬워하면서 삶이 순식간이란 생각은 왜 못했던가. 온갖 생각이 주마등처럼 스친다. 친구의 죽음 뒤에 남아 있는 가족이 애처롭다. 홀로 남겨진 미망인과 자식들만 불쌍하다.

"남은 가족들은 어떡하나?" "모아놓은 돈은 좀 있나?" "애들은 몇 살이야?" 대화는 가족들의 미래로 넘어간다. 가족을 먼저 남기고 간 망자의 무심함을 나무라기도 한다. 감정이입을 한다. 자신의 죽음을 떠올리면 조금 슬퍼진다. 남아 있는 아내와 자식들을 생각하면 가슴이 미어진다. 물론 죽음이 당장 눈앞에 닥쳤을 때는 어떨지 모른다. 그러나 머릿속으로, 아니 가슴속에서 일어나는 당장의 화학반응은 그렇다.

예금은 얼마이고 보험이 얼마나 되는지도 따져본다. 혹시 일이 생길 경우 아내가 어떻게 처리할지 걱정도 하고, 어떻게 알려줄까 궁리도 해본다. 쥐뿔도 없지만 걱정은 부자보다 많다. 가족의 미래를 위해 좀 더 치밀하게 만약에 대비해야겠다고 생각한다.

특별해서 그런 게 아니다. 타고난 거다. 시의원의 사주로 자산가를 살해했다고 자백한 팽모 씨를 보자. 팽씨는 "가족의 미래를 챙겨줄 테니 자살하라"는 지시에 따라 자살을 시도했다고 진술했다. 사람들은 살인을 저지른 흉악범의 말을 믿는다. 언론도 그대로 보도한다. 살인범이지만 '아버지'라는 이유만으로 자식과 가족을 위해 자신의 목숨을 기꺼이 희생할 수 있다는 데 동의한다.

내리사랑은 있어도 치사랑은 없다고 한다. 자식의 사랑을 바라지 않는 부모가 어디 있으랴. 사랑은커녕 자식들의 원망조차 묵묵히 받아들인다. "해준 게 뭐 있냐", "누가 그런 걸 바랐느냐"는 원망을 '내 탓이오' 하고 참아내는 경우가 많다. 이유가 뭘까.

아이들은 기적이다. 나의 아버지의 아버지의 아버지의 아버지의 아버지는······. 이상의 시보다 한없이 거슬러 올라가야 한다. 생물학자들에 따르면 우리는 생명체가 출현한 뒤 40억 년의 세월 동안 한 번도 중간에 끊이지 않고 살아남은 존재다. 자식은 40억 년의 기적을 이어주는 기적의 화신이다. 어찌 소중하지 않겠는가. 세월호 참사가 더 애통한 이유다.

꽃피지 못하고 떨어진 아이들이 바로 우리의 아이다.

1년 전에 아버지가 된 후배가 있다. 아들이 감기 걸린 이야기를 하면서도 입이 벙글벙글한다. 아들 이야기를 할 때 가장 즐거워한다. 부친 얘기를 하면서 웃는 경우는 드물다. 아이들은 크면서 아버지에게 즐거움을 주었다. 기적을 이어주면서 즐거움까지 주었으니 아이들은 할 만큼 했다.

친구의 죽음을 보면서 자식 걱정을 하는 건 당연하다고 치자. 아내 걱정은 왜일까. 평소 마누라 험담하던 사람들도 이 대목에선 알뜰살뜰 챙긴다. 그놈의 의리 때문이 아닐까. 자식 낳고 고생하며 20년 안팎을 함께 살며 쌓아온 미운 정 고운 정을 어찌 잊으'의리' 때문이다. 아내 얘기를 진지하게 하면 대한민국 남성들은 팔푼이 취급받기 십상이다. 아내 걱정을 하더라도 에둘러서 한다.

"인생 뭐 있어.""한 번뿐이야.""건강해야 돼." 이런저런 얘기를 나누다 자신의 삶으로 화제가 돌아온다. 한 번 사는 인생인데 즐겁게 살자는 쪽으로 물꼬가 트인다. 마누라 걱정하다 바로 딴생각한다. 죽음이 바로 옆에 있다는 생각이 들면 삶에 대한 애착이 강해진다. 한 번뿐인 삶을 덧없이 보내지 말자는 의욕이 스멀스멀 피어오른다.

님아 -
어찌 홀로
그 강을
건너시오

남은 이는
어찌하라고

⋮

가똑-

⋮

어?
여보-
택배
문앞에
두고갔대!
어떡해?

......

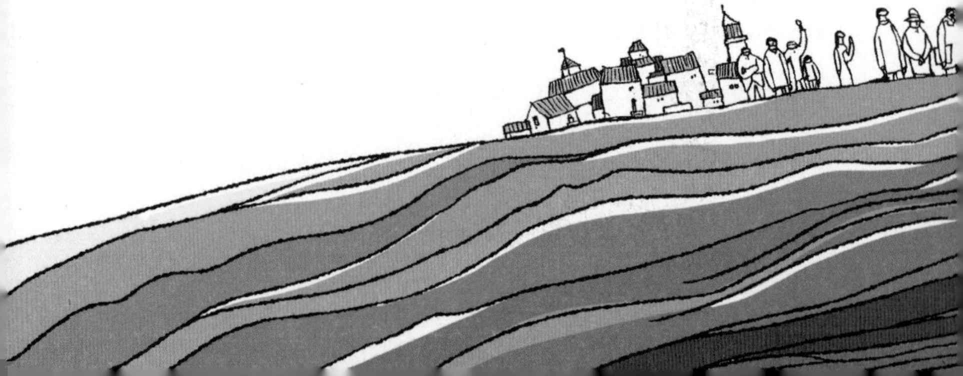

손님을 치러낸 상주들이 슬픔을 느낄 무렵, 조문객들의 분위기는 조금씩 풀려간다. 악상이라 조심스러웠던 마음가짐도 느슨해진다. 웃음소리가 들리는 경우도 있다. 갑작스러운 죽음 앞에서 떠올랐던 당혹감과 슬픔이 남겨진 가족에 대한 걱정으로 바뀌다가 결국 나의 삶으로 귀결된다. 그럼에도 살아야 하는 게 사람이라 어쩔 수 없나 보다.

우리는 죽으면 강을 건넌다. 그리스 신화에서 사자(死者)는 레테 강을 건넌다. 강물을 마시면 이 세상을 잊는다. 기독교인은 요단 강을, 불교도는 삼도천(三途川)을 건넌다. 이도저도 아니면 황천(黃泉)에 간다. 벗이 레테 강을 건너기도 전에 우리가 먼저 슬픔을 잊고 삶으로 돌아온다. 삶이 가벼워서인지 무거워서인지는 잘 모르겠다. 망자가 세상을 잊기도 전에 삶으로 돌아와버린 결례를 먼저 떠난 친구가 용서해줬으면 좋겠다.

난 대붕 아닌 참새다,
참새가 어때서?

"바지 세일하는데 필요하

면 얘기해요."

아내에게서 문자가 왔다. TV를 켠다. "다시없는 기회. 세

벌 모두 69,000원에 드립니다. 얼마 안 남았어요. 자동주문

전화로 연결해주세요." 친절한 쇼핑호스트의 말에 가슴이 콩

닥콩닥 뛴다. 내가 사고, 아내가 사고, 이렇게 산 바지가 지난

겨울에 여섯 벌이다.

채널을 돌린다. '나는 누구인가(WHO am I)'라는 인문학 강

의가 펼쳐진다. 인문학 열풍이 분다. 종교인, 철학자, 교수,

소설가 모두가 나서서 "자신을 찾으라"고 외친다. 소크라테스가 "너 자신을 알라"고 한 이후 가장 많은 사람들이 자신을 찾고 있다. 그래야 행복하게 산단다. 그런데 어떻게 찾지? 외우기도 힘든 철학자 몇 명의 이름만 읊조리다 끝나기 일쑤다.

좋아하는 일을 찾는 게 하나의 방법이다. 자기를 찾는 지름길이다. 미국 작가 엘리자베스 길버트는 《먹고 기도하고 사랑하라》는 자전적 이야기를 썼다. 혹독한 이별의 상처를 입은 그녀는 1년 넘게 여행을 떠난다. 이를 통해 다시금 음식과 사랑을 즐기면서 영적으로 자기중심을 잡는 삶을 일궈낸다. 식욕과 성욕은 기본이다. 여기서 멈추면 짐승이다. 한 발 더 나가서 알파(α)를 찾아야 주체적인 사람이다. 알파는 사람마다 다르다. 사랑을 성욕으로 비하했다고 욕하지 않았으면 좋겠다. 작가도 인정한 자연스러운 욕망이다.

직업이 글 쓰는 사람(기자)이고 글을 좋아하니, 나에게 알파는 글쓰기다. 좋아하는 것을 알았으니 됐다고 생각했다. 그런데 아니다. 글쓰기에서 끊임없이 "너 자신을 알라"가 쏟아진다. 소설가 이태준은 "자기 것을 쓰라"고 한다. 아동문학가 이오덕은 "만들어내는 글짓기 하지 말고 있는 그대로 글쓰기 하라"고 조언한다. 세계적인 작가들은 십중팔구 똑같은 얘기를 한다. 자기를 아는 게 기본이다.

나를 알고 있는지 곰곰이 생각해본다. 휘둘리고 살고 있었다. 뭘 살 때 그렇다. 필요한 물건을 사는 게 아니다. 사라고 외치는 것을 사는 경우가 많다. 안 쓰고 처박아둔 물건도 많다. 그래도 또 가슴이 벌렁벌렁한다. 또 지른다. 사람 보는 눈도 없었다. 사람을 요모조모 보고 판단하지 못하고 이득을 주겠다고 접근하는 사람에게 쉽게 넘어간 적도 있다. 혹시 남의 말에 휩쓸린 기억이 있거나 사놓고 안 쓰는 물건이 많다면 '중심이 없지 않나' 반성해봐야 한다.

우리 또래는 줄 맞춰 사는 데 익숙하다. 성적에 맞춰 학교 가고, 직장 갔다. 자기가 좋아하는 학과를 선택하거나 좋아하는 직업을 찾아간 경우는 많지 않다. 다소 차이는 있지만 마누라 한 명에 애 둘에 집 한 채에 자동차 한 대. 표준적인 삶이 대부분이다. 이제는 설 줄도 없다. 줄 서서 따라가면 됐는데 앞으로는 혼자서 길을 가야 한다. 어디로 가야 할지, 무엇을 해야 할지를 결정하려면 나부터 알아야 한다. 그런데 훈련이 안 되어 있다.

자기 자신보다 외부의 기준을 따르는 데 익숙하기 때문이다. 목욕탕에 불이 나서 뛰어 나갈 때 어디를 가릴 것인가. 얼굴인가, 치부인가. 얼굴을 가리면 체면 때문에 남의 기준에 따르는 것이고, 치부를 가리면 당당하게 나의 기준에 따르는 것이다. '창조 인문학' 전도사로 통하는 최진석 서강대 철학과 교수는 "기준의 생산자인 나로 살 수 있는가를 결정하는 것"이 중요하다고 말한다. 성인들의 말은 '술 찌꺼기'와 같으니 욕망의 주인으로서 자신을 무한 신뢰하고 멋대로 살아보라고 제안한다. 외부의 기준과 눈을 따르지 말고 자신의 욕망을 믿고 따르라는 얘기다.

최 교수의 말을 밑천 삼아 성현의 말 하나를 '술 찌꺼기'로 만들어보자. 장자는 멀리 나는 대붕을 비웃는 참새를 나무랐다. 작은 숲 속에서 먹을 것을 찾고 몇 길 정도 날아오르는 참새가 구만 리를 날아오르는 대붕의 뜻을 어찌 알겠냐고 꾸짖는다. 큰 시련을 극복해야 높게 멀리 날고, 높은 데서 내려다봐야 정확히 본다는 의미다. 이제는 참새가 꾸짖는 장자에게 얘기해줄 때다. "옴마! 앙대요! 참새가 더 재밌단 말이에요!"

이 정도면 주인으로 살 만하다. 좋아하는 일을 한다. 물신주의를 극복했고, 대인관계의 중심도 잡았다. 체면치레를 벗어던졌다. 자기 기준을 가지고 치부를 가리면서 당당하게 사람을 대한다. 장자와도 엉겨봤다. 방문을 나서다 순돌이가 싼

오줌을 밟았다. 걸레를 빨면서 나에게 꼬리를 흔드는 녀석을
바라본다. 내가 주인인가, 나를 부리는 강아지가 주인인가.
다시 헷갈린다. 공부가 과했나 보다.

4.

인생 100년,
아직 50년이나
남았네!

전생에 나라를 구했구나,
주말부부가 되다니

○
○
○
○
○
○

　　　　　　　　　　　　　세종시에 내려오면서 주말
부부가 됐다. "전생에 네가 좋은 일 많이 했나 보다." "무슨
덕을 쌓았기에 남편을 지방으로 보냈니." 아내에게 친구들이
부러워하면서 한 말이란다. 아내도 지인들을 만날 때마다 "떨
어져 있는 게 도리어 부부관계 회복에 도움이 된다"고 좋아라
촐싹댔다. 나, 용감하다. 하늘같은 아내에게 '촐싹댄다'는 표
현을 쓰다니. 하지만 그때 내 감정에 딱 맞는 표현이다.

　40대 이상 여성들은 남편과 떨어져 사는 즐거움에 대해 대
부분 "맞아, 맞아" 하며 박수까지 치면서 깔깔 웃는다. 기자

생활을 함께 했던 여교수에게 물어봤다. 등산모임에 남편과 함께 오는 잉꼬부부다. 다른 답이 나올 줄 알았다. "남편과 떨어져 살면 전생에 나라를 구한 게 분명해요." 이분 한 술 더 뜬다. 그 교수의 남편도, 나도 '남편과의 별리'를 환호하는 아내를, 여자들을 이해하기 힘들다.

노부부가 퀴즈게임에 나갔다. '천생연분'이란 단어를 할아버지가 설명하고, 할머니가 맞춰야 했다. 할아버지 왈 "당신과 내가 어떤 관계지?" 할머니, "웬수." "두 글자 말고 넉 자로!" "평생 웬수!" 왜 그럴까? 남편과 아내는 왜 서로의 관계를 달리 생각할까?

남편과 떨어져 사는 게 왜 편한지 이런 건 직접 물어보는 게 편하다. "얼마나 귀찮게 하는지 몰라요. 자잘한 것까지 챙겨줘야 하고 잘 삐치고." 여교수의 답변이다. "양말, 손톱깎이까지 다 챙겨줘야 하잖아. 갈수록 잔소리도 늘고." 아내의 얘기다. 남편들에게 물었더니 '참 나쁜 여자들'이란다. 양말, 손톱깎이야 아내가 정리해놨으니 있는 곳을 묻는 게 당연하다고. 잔소리는 가정일의 구석구석까지 챙기는 자상함의 표현이라고. 남편을 이해 못하는 아내에게 약간의 섭섭함을 표현했을 뿐인데 삐쳤다고 매도하는 것은 지나치다는 주장이다. 이유는 다 사랑이 식었기 때문이란다.

여자가 남자보다 훨씬 현실적이고 유연하다. 중년 이후 아내들의 희망은 변한다. 아이들은 성장했고 가정도 안정됐다. 남편은 돈 잘 벌고 건강하면 그만이다. 지저분한 얼굴로 방귀를 뀌며 코를 후비고 다녀도 별 상관없다. 어차피 남자로 느껴지지도 않는다. 집안에서 아내의 주도권에 도전하지 않으면 된다. 적당한 거리를 유지하며 귀찮게 하지 않으면 최고의 남편이다.

그런데 나를 포함한 아저씨들은 잘 변하지 않는다. 아니 여자들이 변하지 않기를 바란다. 영화 〈봄날은 간다〉에서 유지태는 "어떻게 사랑이 변하니?" 하며 이영애에게 하소연한다. 남편들, 자기가 유지태인 줄 착각한다. 중년 아내는 남편에게서 남자를 보지 않을 가능성이 크다. 이성에 대한 감정은 새로 오신 잘생긴 신부님, 별나라의 김수현을 보며 대리만족할 가능성이 훨씬 높다. 부부관계에서 사랑 빼면 뭐가 남느냐고? 기름 빼고 뼈다귀 빼도 남는 게 있다.

사랑은 연애를 가동시키는 운영체제다. 연애가 결혼으로 업그레이드됐다면 운영체제도 단계적으로 '삶과 정'으로 업그레이드할 필요가 있다. 물론 자식이 기본이다. 여자에게 남편은 남자가 아닌 '애 아빠'다. 첫날밤 이후 '천날 밤'을 넘게 깨를 볶았다면 실용성을 더 높인 업그레이드 버전2 '살림과 그놈의 정 때문에'를 반드시 장착해야 한다. '변하지 않는 사랑'이라는 프로그램만 가동하다가는 사달이 난다.

몇 해 전 〈네 이웃의 아내〉라는 드라마가 인기였다. '새로운 사랑'이란 보조 프로그램을 몰래 장착하는 중년부부의 이야기다. '100년을 살면서 사랑도 없이 한 사람하고만 살아야 하나'라는 의문이 이 프로그램을 대중화시킨 이유이기도 하다. 적어도 20~30년마다 파트너를 바꿔야 한다는 게 아줌마, 아저씨들이 지들끼리 만나면 하는 얘기다. 그런데 이 프로그램이 좋기만 한 게 아니다. 버그(오류)가 많고 컴퓨터를 다운시키기 일쑤다. 그러다 보니 다양한 선택을 하고 산다.

객지 생활을 하다 보니 본의 아니게 살림 실력이 늘었다. 즉석밥과 라면에서 시작했는데 김치찌개와 해물탕까지 영역이 확대되었다. 설거지 실력은 고수다. 집에 가서도 설거지를 한다. 나도 모르게 '살림'이란 프로그램이 장착되었다. 아내가 고마워한다. 업그레이드 버전이 장착되면 힘들어질 줄 알았다. 의외로 재미있다. 내가 만든 음식으로 집들이를 했다. 재료를 고르고, 육수를 만들고, 갖은 양념과 야채로 찌개를 끓였다. 완성된 맛을 기다릴 때, 맛나게 먹어주는 모습을 보면서 뭔가를 기대하는 내 모습이 새롭고 재미있다. 다음 주에는 집에서 다른 회사의 후배 기자들과 '국수 배틀'을 할 예정이다. 서양 국수와 동양 국수의 대결이다. 요리하는 남자들이 많아졌다.

　요리를 하고 살림하는 남자들의 공통점이 있다. 가족들과 좀 더 친해진다. 또 자신감이 생긴다. 아내가 집안 일로 통화하다 흥분된 목소리로 딴소리를 한다. TV에서 빅토리아 폭포가 나오는데 꼭 가보고 싶단다. 예전에는 "그래야지"라고 꼬리를 내렸다. 이번엔 다른 대답이 나왔다. "남편은 객지에서 라면 먹는데 놀 생각이 나? 전생에 나라 좀 구했다고 심하네!" 자신감의 발로다.

60대 중년 부부 사별한다면, 재혼은?

중년 남녀들은 사별 후의 재혼에 대해 이중적인 태도를 보인다. 스스로는 새로운 결혼, 새로운 관계에 대해 두려움과 거부감을 가지면서도 배우자가 재혼을 하는 데는 열린 태도를 보였다. 교보생명과 노인 전문 기업인 시니어파트너즈는 《대한민국 시니어 리포트 2014》를 발간했다. 우리나라 만 20세 이상 69세 이하 남녀 1000명을 대상으로 했고, 50~69세는 신중년층으로 별도로 분류하여 조사한 결과다.

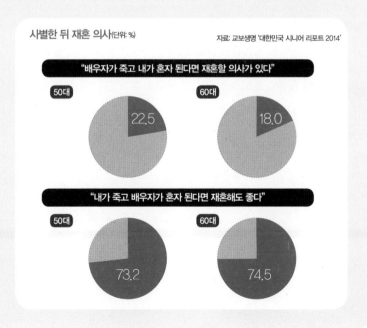

사별한 뒤 재혼 의사(단위: %)　　　　　자료: 교보생명 '대한민국 시니어 리포트 2014'

"배우자가 죽고 내가 혼자 된다면 재혼할 의사가 있다"

50대　22.5　　　60대　18.0

"내가 죽고 배우자가 혼자 된다면 재혼해도 좋다"

50대　73.2　　　60대　74.5

'본인이 죽고 배우자가 홀로 남게 된다면 재혼해도 좋다'고 응답한 비율이 50대 73.2퍼센트, 60대 74.5퍼센트에 달했다. 배우자의 재혼에 대해 가장 보수적인 층은 40대였는데, 이들은 45.9퍼센트만 배우자의 재혼에 찬성했다. 반면 배우자가 죽고 난 뒤 본인이 재혼할 의향이 있느냐는 질문에 대해서는 50대는 22.5퍼센트, 60대는 18퍼센트만이 그렇다고 답했다.

'노인'에 대한 기준도 연령대별로 크게 달랐다. '몇 살부터 노인이라고 생각하느냐'는 질문에 대해 20대가 답한 평균은 63.4세였다. 반면 50대 이상 신중년층은 적어도 70세는 넘어야 노인이라고 생각했다. 50대는 70.4세, 60대는 71.1세는 돼야 '노인 축'에 낄 수 있다고 생각했다. 나이가 들수록 노인의 연령을 높게 보았다.

나이가 많을수록 오래 살고 싶은 욕구도 강해졌다. '몇 살까지 살 수 있을까'라는 질문에 30대는 82.9세, 40대는 82.8세였다. 50대는 87.8세, 60대는 88.6세까지 늘어났다.

아내의 '웬수' 소리는
그래도 당신뿐이란 뜻

'내가 아는 사람 얘기'를 해
야겠다. 그냥 아는 사람이다. 부부 사이의 은밀한 이야기라
서 익명으로 한다. 그는 부부동반 모임이 조금은 부담스럽다.
대부분 40~50대 남자들이 그렇듯 경제적으로 넉넉하지 않
다. 이런저런 일로 돈도 꽤 까먹었다. 자기 딴엔 열심히 살지
만 대출상환, 아이들 등록금, 부모님 봉양 등으로 늘 허덕인
다. 아내가 뭘 사고 싶은지, 하고 싶은지 알지만 애써 모른 체
한다. 아내도 사정을 알기에 참고 넘어간다. 그런데 부부동반
모임만 다녀오면 말썽이 난다.

그날도 그랬다. 강남의 우아한 레스토랑에 초대를 받았다. 강북 토박이지만 강남 구경할 때가 가끔 있다. 네 쌍의 부부가 남자 여자로 나뉘어 식사를 하며 대화를 나누었다. 기분 좋은 모임이 끝나고 각자 차를 타고 집으로 가는 길이었다.

내가 운전을 하고 아내는 조수석에 앉았다. 거울을 보는 표정이 심상치 않다. "나 눈 밑이 자글자글하지?" 아내의 심상치 않은 표정에 "아니, 예뻐" 하며 급수습한다. "아니야, 주름이 만만치 않아." 이럴 때 아내의 속은 들여다보지 않아도 뻔하다. '저 화상이 나를 고생시켜서 내가 이 꼴이 됐어.' 지난 20여 년 동안 나의 잘못들이 주마등처럼 스쳐간다.

'어! 나라고 했네? 진짜 내가 아닌데.' 감정이입을 하다 보니 그랬다. 그런데 '어떻게 그렇게 잘 아냐고?' 나한테 시시콜콜 얘기하는 친한 사람이다. 유치하지만 현장감을 높이다 보니 내 얘기처럼 했나 보다.

다시 돌아가보자. 그 사람 아내 말로는 다른 아내들은 뭘 했는지(보톡스!) 피부가 탱글탱글하다. 여성 호르몬 주사도 맞고 있단다. 얼굴도 젊어 보이고 삶도 활기차 보인다고 부러워한다. 여기까진 괜찮다. 그런데 "난 뭐야?" 소리가 나오면 안 된다. 그전에 상황을 반전시켜야 한다. 여성 호르몬 주사를

반전의 기회로 삼았다. "여성 호르몬을 맞는 것은 갱년기가 왔다는 거지. 당신이 갱년기가 늦은 이유는 다 내 덕분이야"라고 뒤집기를 시도했다.

뭔 소리냐고 한다. 내가 열심히 당신을 사랑해줘서 천연 여성 호르몬이 나오기 때문에 갱년기가 늦은 것이라 설파했다. 호르몬을 맞는 다른 분들은 아마도 바깥양반들이 바쁘다 보니 부부의 정을 나눌 기회가 드물거나 없을 게 분명하다고 설레발을 쳤다. 세 분을 무기력자로 만들었다. 이해하기 바란다. 그때 정말 어쩔 수 없었다. 아내는 예쁘고 착하다. 내가 팔불출이 아니고 진짜 그렇다. 단점이라면 귀가 약간 얇다. 아내가 넘어왔다. "어이구 웬수!"

성공했다. '웬수'는 중년 남자에게 부분적인 성공의 상징이다. '아내들의 네 가지 바가지'란 유머가 있다. 돈도 못 벌고 잠자리도 시원찮은 남편에게는 "네가 나한테 해준 게 뭔데?"라고 한단다. 돈만 잘 버는 남편은 "밥만 먹고 사냐?"라는 지청구를 듣는다. 둘 다 잘해도 "그래 너 잘났다?"라는 타박이 기다린다. '웬수'는 돈을 잘 벌지는 못하지만 절반의 성공을 거둔 남성들의 월계관이다. 아줌마를 속물로 보는 이런 유머에 나는 공감하지 않는다. 진심이다. 하지만 대부분의 남자들은 '맞아 맞아' 하며 낄낄 웃는다. 이런 속물들.

'근데 내 얘기 같다고? 아니라니까!' 하기야 다 비슷한 처지인데 누구이면 또 어떤가. 내가 너고, 네가 나다. 도긴개긴 비슷하다. 자꾸 따지는 것은 손가락으로 달을 가리키는데, 달은 보지 않고 손가락만 보는 태도다. 건강에 좀 더 신경 쓰자는 취지다. 무라야마 하루키는 "재능은 두 번째고, 체력이 우선이다"라고 말했다. 우리 조상들은 "남자가 아침에 기둥을 세우지 못하면 돈도 꿔주지 말라"고 했다. 남자의 밑천이 건강이란 말이고, 건강의 징표 하나를 얘기했을 뿐이다.

100세 시대라면 앞으로도 반세기나 더 살아야 하니 건강부터 챙겨야 한다. 그래야 다음에 뭘 할지를 생각할 수 있다. 친구 중에 부부가 함께 헬스클럽에 다니는 '너 잘난 놈'이 하나 있다. 건강하고 부부 금실이 좋아 보인다. 나도 건강을 지키기 위해 세종청사에 있는 헬스클럽을 새해 들어 열심히 다니고 있다. 끽해야 웬수지만 그게 어디냐.

큰아이가 논산훈련소에 들어가는 날 아내와 배웅하고 왔다. 요즘 엄마들 쿨해서 우는 엄마 찾기 힘들다. 아내도 마찬가지다. 아들 둘을 낳을 때는 금메달이었다. 세상이 바뀌어 이제는 아들 둘이면 '목매달'이란다. 조수석에 앉은 아내의 표정이 쓸쓸하다. 아들 얘기를 하면서 거울을 본다. 그때와 달리 눈가의 잔주름이 안 보이나 보다. 아들 생각 때문이겠지. 아내를 위로하려고 농을 건넨다. "우리 딸 하나 낳을까?" 아내가 째려본다. "푼수처럼 왜 그래?" 웬수가 아니라 푼수라네. 푼수와 웬수가 비슷한 말인가?

아내의 샤워 소리,
가슴 철렁한 당신

°
 °
  °
   °
    °
     °

　　　　　　　A는 "에이, 가족끼리 어떻
게"라는 말을 입에 달고 산다. 남자들은 나이를 먹으면서 "한
다"와 "안 한다"로 갈린다. 부부관계 얘기다. 주변에 보면 섹
스리스 부부가 많다.

　"안 한다"는 다시 두 부류로 갈린다. "진짜 안 한다"와 "안
된다"다. A는 부부관계에서 섹스는 극히 작은 부분일 뿐이
라고 주장한다. 부부관계는 순간의 쾌락을 넘어서는 뭔가 지
고지순한 동지적 관계라고 열변을 토한다. "함께 자고 싶은
사람은 많지만, 함께 잠들고 싶은 사람은 세상에 단 한 명밖

에 없다"고 목소리를 깐다. 아내는 그런 여자라나. 양기가 입으로 올라온 게 확실하다. 그래도 멋져 보인다. 밀란 쿤데라가 《참을 수 없는 존재의 가벼움》에서 쓴 문장을 섹스리스를 합리화하는 데 사용한다.

B는 '한다'파의 지존이다. B는 이런 얘기 귀담아듣지도 않고 자신의 무용담을 늘어놓을 뿐이다. B는 휴가 때 '놀자당' 친구들과 설악산에 1박2일 여행을 갔다. 골프, 술, 카드라는 3종 경기를 치르기 위해서다. 그는 주말부부였다. 아내가 속초에 파견 나와 있었다. 하루 일찍 속초에 간 그는 설악산 등반을 마치고 부부의 정을 나눈 뒤 골프장에 합류했다. 골프장에서 친구들을 혼내주면서 자기는 철인 5종을 했다고 설레발을 쳤다. B는 이런 무용담 덕분에 철인 5종이란 별명도 얻었다.

A가 "진짜 안 한다"가 아니라 "잘 안 된다"라는 사실을 둘의 대화에서 알게 됐다. A와 B는 둘 다 탈모 치료를 위해 전립선 치료제 프로스카를 복용하고 있다. 전립선 치료제인 이 약을 먹으면 머리털이 나기 때문이다. 대신 발기부전이나 성욕 감퇴 등의 부작용이 생길 수 있다. A에게 일시적으로 부작용이 나타난 것이다.

"탈모 치료약으로 나온 같은 성분의 프로페시아를 먹으면 되는데 비싸다. 프로스카는 잘라 먹어야 하는데 여자에게는 닿기만 해도 위험하다." 그들의 대화는 프로스카는 싸니까 조심해서 먹으면 된다, 성기능 장애는 일시적이니 머리털이 나면 잠깐 쉬었다 다시 먹으라는 내용으로 압축된다. 나와는 상관이 없는 얘기지만 돈(절약), 외모(머리털), 건강(부작용), 섹스(발기부전)라는 중년 남성의 원초적인 관심사가 알약 하나에 압축되어 있다는 생각에 귀담아들었다.

성에 대한 중년 남성의 갈망은 너무나 인간적이다. 영국의 생식생물학자 데이비드 베인브리지는 자신의 저서 《중년의 발견》 중 '생식은 끝나도 섹스는 끝나지 않는다'라는 장에서, "성이 아기 만드는 기능을 잃게 되면 남는 것은 인간성뿐이다"라고 주장한다. 생식에서 시작한 섹스가 생식 기능이 없어져도 계속되는 게 인간의 본성이라는 얘기다.

동물의 왕국을 예로 들면 쉽다. 표범은 암수가 2주 동안 교미를 하고 헤어진다. 암표범은 2년 동안 새끼를 배고, 낳고, 양육하고, 독립시킨다. 그 뒤에 발정기를 맞아야 수컷을 찾는다. 인간만 생식과 관계없이 주구장창 붙어 있고, 생식이 끝나도 섹스를 끝내지 않는다. 때문에 시도 때도 없이 덤벼드는 남편에게 "이놈의 짐승!" 하면 안 된다. "이놈의 인간!"이 맞

는 표현이다.

생물학자들은 인간 수컷이 인간 암컷을 떠나지 않고 주변에 맴도는 이유를 수컷이 아닌 암컷의 진화에서 찾는다. 모든 짐승의 암컷들은 발정기를 수컷에게 드러내놓고 알린다. 반면 인간 여성만이 발정기를 숨기도록 진화했다. 암컷의 발정기를 모르는 수컷은 인간이 유일한 셈이다. 발정기를 숨겨 자손을 원하는 수컷을 붙잡아놓고 계속 교미하고 먹을 것을 가져오고 보살피게 만들었다는 설명이다. 동물들은 다 대놓고 야합(野合)을 하는데, 인간만이 야합을 비난하는 이유도 숨기도록 고안된 본능 때문이다.

인간이 이성을 밝히는 이유가 밝혀졌다. 생식이 끝나도 섹스가 지속되는 이유는 너무도 인간적이다. 이렇게 만든 원흉이 여성의 진화인 셈이다. 여성은 남성의 밝힘증에 막대한 책임이 있다. 여성도 마찬가지다. 남성을 길들이기 위해 진화했을 뿐만 아니라 피임을 통해 기능으로서의 생식에서 완전히 독립했다.

A는 약을 끊은 뒤 연애세포가 조금씩 되살아나고 있다. 아내가 가족이 아닌 여자로 보이기 시작한다. 심장병 약의 부작용으로 발견된 비아그라를 찾기 시작한다. 인간적으로 변했다.

이 세상의 어느 한 계절 화사히 피었다
시들면 자취 없는 사랑 말고
저무는 들녘일수록 더욱 은은히 아름다운
억새풀처럼 늙어갈 순 없을까
바람 많은 가을 강가에 서로 어깨를 기댄 채
— 도종환, '내가 사랑하는 당신은'

　사랑은 거품이다. 보티첼리의 그림 '비너스의 탄생'에서 비너스는 거품 위에 서 있다. 그리스 신화에서 사랑의 여신 아프로디테다. 거품이라는 뜻이다. 사랑의 여신 아프로디테는 거품에서 탄생했다. 아름다움도 사랑도 다 거품이다. 때문에 나이가 들수록 순간의 화사함보다 신뢰감, 순간의 열정보다 따뜻함에 기울게 된다. 그렇다고 시 한 수 읊은 뒤 손만 잡고 잘 일은 아니다. 할 수만 있다면, 아내를 다시 애인으로 만들고 싶다.

애로(愛老) 비디오,
39금(禁) 이야기

이번 이야기는 39금(禁)이
다. '애들은 가라' 했을 때의 애들은 코흘리개였다. 그러다 19
금이 등장했다. 100세 시대에는 장년들만의 이야기도 필요
하다. 19금이 더 야하다. 39금은 '마른 자두(푸룬)'에 관한 애
기일 뿐이다.

드디어 봤다. 아니 보인다. 그녀가 입은 속옷이. 하얀 피부
위에 나풀거리는 붉은 꽃잎. 검정과 구릿빛 사이 어딘가에 있
는 피부. 탄탄한 몸을 살짝 가린 나비와 꽃들. 수박 덩어리 같
은 구릉과 계곡을 감싸도는 동양적 문양.

'살롱 인터내셔날 드라 란제리'. 밤늦은 시간 이리저리 채 널을 돌리다 란제리 쇼를 본다. 신기하다. 그녀들이 입은 란 제리가 생생하게 눈에 들어온다. 이게 몇 년 만인가. 고등학 교 때 처음 접한 외국 잡지 《플레이보이》는 충격이었다. 비키 니만 걸친 외국 여성들. 느끼는 충격은 나체사진과 별반 다르 지 않았다. 공중파에서 나오는 속옷 광고 '나만이 알고 있는 사랑의 비너스'는 아직도 머릿속에 새겨져 있다. 한때 홈쇼핑 을 풍미했던 외국 모델을 앞세운 란제리 광고까지.

족히 30년은 넘은 듯하다. 속옷 광고에서 속옷을 보지 못 했었다. 모델의 육체에 집중했다. 드디어 육감적인 여자의 몸 에서 속옷을 구분해 따로 볼 수 있는 능력이 생겼다. 란제리 의 아름다움과 모델의 섹시함을 구분하는 능력은 어디서 나 왔을까. 속옷이 발전해서 그런가. 아니면 내 마음이 변한 것 인가. '힘이 빠졌나 보다'라고 생각했다. 섹시한 여성이 반쯤 벗은 모습을 보면 저절로 불타오르던 정염(情炎)의 에너지가 사라졌다고 생각한다. 강한 불길로 란제리를 다 태웠던 그 에 너지는 어디로 갔나. 나이 탓인가 보다.

"하하하, 등산과 꺾기야." 상가에서 만난 대선배님이 떠오 른다. 무척 건강하시다. 비법을 여쭸더니 하시는 말씀이다.

"등산은 알겠는데 꺾기는 뭐죠?" 소주 한 잔을 꺾으시며 "이거"라고 하신다. 등산은 부부관계란다. 반전이다. 일흔이 넘으셨다. 20여 년 전에는 봄이 시작되는 입춘부터 겨울의 시작인 입동까지는 부부관계를 해서는 안 된다고 설파하던 분이다. 더울 때 힘든 일은 아랫것들을 시켜야 한다고 농을 하시던 분이다. 나이를 드시더니 지위고하와 때를 가리지 않으시는 듯하다. 옆에서 부부동반으로 오신 다른 선배님이 크게 웃으신다. 당연하다는 웃음이다. 더 건강해 보인다.

영화 〈죽어도 좋아〉는 실제 부부 사이인 박치규 할아버지와 이순예 할머니의 사랑 이야기다. 일흔이 넘어 만나 사랑을 하고 결혼을 한다. 당사자들이 출연하여 섹스를 한다. 죽어도 좋을 정도로 좋단다. 2002년 영화가 나왔을 때는 충격이었다. 요즘은 노인의 섹스가 당연한 일이다. 란제리 쇼를 보고도 감흥이 줄어든 이유가 나이 탓만은 아니다.

"형은 권태로운 잠자리에서 태어났고, 나는 열정의 결실로 태어난 사람이야." 셰익스피어의 희곡에 나오는 구절이다. 왕위를 노리는 사생아 동생이 자신이 왕이 돼야 하는 이유를 독백으로 소리친다. 중학교 때 읽은 헨리 4세로 기억한다. 줄거리도 생각나지 않고 이 구절만 떠오른다. 중세의 성, 어느

외딴 방에서 외치는 모습이 생생하다. 왜 그럴까. 불륜은 강렬하다. "너의 열정을 존중해, 너의 본능에 충실해." 일상에서 탈출하고픈 유혹이 피어난다. 위험이 따른다.

"그가 아닌 당신을 죽이고 싶었어." 리처드 기어와 다이앤 레인이 주연한 〈언페이스풀(Unfaithful)〉은 불륜의 비극적 종말을 보여준다. 결혼 10년차의 행복한 주부 다이앤 레인은 우연히 만난 프랑스 청년 올리비에 마르티네즈와의 섹스에 탐닉한다. 망설이던 그녀는 "결과는 하고 안 하고의 차이뿐"이라는 말에 섹스를 허락한다. 그 결과는 살인과 파탄난 가정이다. 리처드 기어는 아내의 내연남을 죽였다. 실업자인 최민식은 〈해피엔드〉에서 바람난 아내 전도연을 죽인다. 옛 애인(주진모)과 바람피우는 것은 참았다. 하지만 배고파 우는 아이의 우유통에서 개미를 발견하고는 더 이상 참지 않았다.

바람으로 가정이 파탄난다. 가정은 집과 가족이다. 누구나 지켜야 할 최소한의 기본이다. 그 안에 살고 있는 우리의 본능 속에 가정을 파괴할 힘이 웅크리고 있다. 영화의 모티프가 여자의 바람인 것은 남자가 아직도 더 큰 권력을 가지고 있기 때문일 것이다. 도덕 교과서, 사회제도, 영화 등. 무수히 많은 사람들이 가정을 지키라고 한다. 그런데 그 사람을 포함한 많은 사람들이 선을 넘는다. 내 안에 내 것 아닌 또 다른 내가 있기 때문이다.

대부분의 사람이 본능과 이성 사이를 오간다. 그런데 양기만 입으로 올라왔을 뿐이다. 부와 권력이 있으면 딴짓하면서 가정을 유지했다. 왕부터 지금의 부유층까지. 일반인은 그렇게 하기 쉽지 않다. 바람피우며 가정을 지키는 것은 권력과 돈을 본능과 욕정으로 바꿀 수 있는 능력자에게나 가능한 일이다. 우리는 들키면 끝이다. 죽이지 않아도 반은 죽는다. 다이앤 레인과 전도현도 숨기려 했다. 실패했다.

연애를 하고 싶은 것은 설렘과 떨림이 그립기 때문이다. 다시 맛보고 싶다. 그런데 그 설렘과 떨림이 어떻게 됐더라. 란제리 쇼를 보면서 이런저런 생각을 한다. "안 자고 뭐해요?" "이상한 거 보는구나." 아내가 주방으로 가며 한마디한다. 낡은 잠옷이 눈에 띈다. "아니" 하며 이리저리 채널을 바꾼다. 잠옷 한 벌 사줘야겠다는 생각이 든다.

MBC 드라마 〈전설의 마녀〉에서 교도소 생활을 하는 오현경은 자신의 브래지어를 뺏아가려는 김수미에게 "쭈글쭈글 말린 자두랑 속이 꽉 찬 수박이랑 어떻게 같을 수가 있어?"라고 소리친다.

177

뭘 모르는 말이다. 70대의 선배님들과 〈죽어도 좋아〉의 박 할아버지는 수박보다 말린 자두를 더 좋아할 수도 있다. 젊을 때는 쭉쭉빵빵한 것을 좋아하지만 나이가 들면 익숙하고 편안하고 서로 존중하는 것을 중시한다. 그래서 39금 마른 자두 이야기다.

아내와
'강남불금'

여기는 어디야? 강남 교보
생명 사거리 뒷골목. 불타는 금요일 늦은 저녁. 자정 무렵 곳
곳에 길게 줄을 선 인파를 보고 입이 딱 벌어진다. "여기는
실내포차, 저기는 클럽인데 밤새 불야성이에요." "강남의 불
금이 시작됩니다." 젊은이들이 옷과 화장, 헤어스타일, 액세
서리를 통해 자신의 개성을 뽐낸다. 피부색과 눈빛이 다른 외
국인들도 곧잘 눈에 띈다. 이질감보다는 다양한 개성이 역동
적인 젊음 안에서 녹아드는 느낌이다.

천년의 역사를 간직한 고도

야장이 선다.

신화와 종교와 역사와 유물과 자연 속

날것의 욕망이 되살아나 춤춘다.

갓 잡아낸 생선의 꿈틀거림과 비린내

살이 타고 뼈가 휘어지고 물방울이 튀는 날것을 꿈꾼다.

욕망을 태우기 위해 빛을 휘감고 흔들리는 몸의 그림자

음악을 타고 천년의 정글 위로 스멀스멀 피어오른다.

앙코르와트 야시장에 갔을 때 느낌을 메모해둔 글이다. 관광객들이 남녀노소 가리지 않고 다른 이방인들과 섞여 길거리에서 춤을 춘다. 밤이 진해질수록 젊음의 열기에 금기와 금제는 녹아내린다. 강남의 불금 위로 금제에서 해방된 앙코르와트의 야시장이 겹쳐진다.

"형 내 말 듣는 거야? 정신 차려!" 기자를 하던 후배가 고기 전문가와 동업으로 횡성한우 전문점을 차렸다. 개업 축하차 찾아가서 고기를 먹고 2차를 하고 나오던 중이다. 임금님께 올리던 특산품(어사품)을 먹으면서 얘기하라고 어사담이라는 가게 이름을 지었단다. 가게의 전망과 전략을 얘기하는

데 귀에 들어오지 않는다. 눈 때문이다. 말 그대로 쭉쭉빵빵이다. 금요일 밤을 만끽하기 위해 멋지게 차려입은 예쁜 여자들이 너무 많다. 눈을 어디에 둬야 할지 모르겠다. 눈 둘 곳이 너무 많다.

지금은 불금이지만 우리 때는 토요일 밤의 열기, '토요일은 밤이 좋아'였다. 존 트라볼타가 주연한 〈토요일 밤의 열기〉(1977년)는 디스코 열풍을 불러일으켰다. 야전(야외전축)을 가지고 뒷동산에 올라 비지스의 음악에 맞춰 몸을 흔들며 스트레스를 풀던 때로 돌아간다. 음악은 몸이고 가사는 옷이라지. 무슨 뜻인지도 모르고 음악의 속살에 취해 소리를 지르며 무대로 뛰어나가던 젊은 시절이 그리워진다.

"강남의 불금을 아나요." 오랜만에 세종시를 찾은 아내에게 내가 겪은 문화적 충격을 들려주었다. 주말부부로 지내다 집안 정리를 해준다며 내려온 아내를 위해 준비한 코스가 계룡산 남매탑 등반과 금강변 산책이다. 일요일 아침, 안개가 걷히는 강변을 걸으면서 아내도 편안해한다. "젊은이들의 뜨거운 세상을 모른 채 강변에만 만족하면 노인네 되는 거야"라며 강남불금 여행을 제안했다. 중년의 세상과 젊음의 세상이 같지는 않지만 그래도 강남의 불금을 둘이 함께 느껴보기로 했다. 우리 나이에 들어갈 수 있는 클럽이 있을지 모르겠다.

불타는 금요일. 아니 김종찬이 "그대 나를 두고 떠나가지 말아 토요일은 밤이 좋아 이 밤은 영원한 것"이라고 노래하던 토요일 밤. 그 밤의 뜨거움과 갈망은 무엇이었을까?

열망, 열정, 욕망, 욕정, 꽉 막힌 듯한 답답함을 풀기 위한 갈증, 갈구, 아니면 이 모든 게 뒤섞인 그 어떤 것.

욕정은 말 그대로 욕정일 뿐이다. 뜨겁기만 하다. 욕망은 뜨거운 열기 속에 차가운 심지를 감추고 있다. 갈증과 갈구는 수동적이다. 열정은 뜨거운 애정이다. 열망은 뜨겁게 뭔가를 바란다.

그때는 사람마다 조금씩 결이 달랐다. 그저 춤이 좋아 마구 흔들어대는 놈. 프로라고 자부하는 자칭 도시의 사냥꾼. 친구들이 가니까 따라다니는 덩달이족. 뭔지 모를 열망과 이성에 대한 호기심으로 쫓아다니다 멍 때리는 푼수. 어쨌든 닫힌 청춘 속에서 뭔가를 갈구하는 열망이 있었다. 그때나 지금이나 뜨겁고 간절하게 뭔가를 바라고 구한다는 공통점이 있다. 하지만 뜨거운 것은 식고, 불은 꺼지게 마련이다. 아내와의 강남불금 여행은 꺼져가는 열정을 다시 돌이키기 위한 기획이다. 회춘기획 1탄이다. 클럽은 못 들어가도 뭔가를 갈구하는 열망은 느낄 수 있을 듯하다.

나카에 이사무 감독의 영화 〈냉정과 열정 사이〉는 쥰세이와 아오이의 10년에 걸친 이별과 만남과 사랑의 이야기다. 아오이는 스무 살에 쥰세이를 만나 연인이 되지만 오해로 헤어지게 된다. 그 후 두 사람에게는 항상 서로에 대한 그리움이란 갈망이 있다. 열정이다. 그러나 오해를 간직한 채 각자의 삶을 살아야 하는 현실이 있다. 더는 사랑 때문에 상처받고 싶지 않다. 냉정이다. 마침내 두 사람은 10년 전에 했던 "너(아오이)의 서른 번째 생일 날, 연인들이 영원한 사랑을 약속하는 피렌체 두오모에서 만나자"는 약속을 지킨다.

두 주인공이 간직한 열정과 냉정은 거리가 있다. 젊음은 열정과 냉정 사이에서 방황한다. 중년은 조금 달라도 될 듯하다. 열정과 냉정 사이를 시계추처럼 왔다 갔다 하는 게 청춘이라면, 중년은 두 가지를 동시에 간직할 수 있지 않을까? 중년에게 열정과 냉정은 함께 즐길 수 있는 공깃돌이다. 열정만 회복한다면.

'쉰'혼부부
열정과 냉정 사이

최근 친구의 빙부상에 조문을 갔다. 몇 개월 전에는 이 친구의 결혼식이 있었다. 돌싱이 된 뒤 재혼을 했는데 새 장인이 돌아가셨단다. 친구들이 "오래 살다 보니 별일이 다 있다"고 말한다.

예전에는 빙부상도 잘 안 갔는데 이제는 재혼한 친구의 빙부상도 간다. 물론 다른 친구들 경조사를 자기 일처럼 챙기는 벗이기에 가능했다. 그래도 '별일'은 별일이다. 친구 아들과 부인의 딸이 인사를 한다. 부인이 "아빠 친구 분들이야"라며 딸을 인사시킨다. 무척 고마워한다. 남편한테 잘할 거다.

나이가 오십 줄에 들었는데도 결혼 얘기, 여자 얘기가 화제다. 알콩달콩한 50대 '쉰'혼부부의 모습이 화제를 이쪽으로 몰았다. 깔깔대다가 주변의 눈치를 보며 목소리를 죽이기도 한다. 상가에 모인 열 명의 면면이 다채롭다. 결혼을 중심으로 여섯 종류로 분류된다. 유부남, 기러기, 돌싱, 상처한 홀아비, 재혼남, 법무부 총각. 참 다양한 인생들이다.

결혼은 무엇일까? 희망으로 시작하여 행복해하기도 하고 불행해하기도 한다. 실패할 경우 다시 희망을 찾는다. "그게 결혼이야(That's marriage)." 데이빗 핀처 감독의 영화 〈나를 찾아줘〉에서 여주인공 에이미 던(로자먼드 파이크)이 남편 닉 던(벤 애플렉)에게 한 답이다. 닉은 "지금까지 서로에게 분노하고, 서로를 조종하려 하고, 서로에게 상처 줬을 뿐이잖아"라며 헤어지자고 소리친다.

"그게 결혼이야"는 돌직구다. 우리는 "남들도 다 그렇게 살아"라고 말해왔다. 친정어머니가 딸에게, 불만을 토로하는 파트너에게, 부부간의 갈등을 호소하는 친구에게 또는 스스로에게. 왜일까? 결혼은 연애의 무덤이고 생활의 시작이기 때문일까? 진짜 그게 결혼이고 남들도 같은지, 잘 모르겠다.

100세 시대에는 또 다르다. 워낙 오래 살기 때문에 가족관

계나 인간관계가 예전과 같을 수는 없다. 역학관계도 완전히 달라졌다. 그리스 신화에 나오는 피그말리온과 갈라테이아의 관계가 예전엔 주류였다. 에이미와 닉의 관계는 남녀 간의 관계가 역전된 사례다.

피그말리온은 키프로스에 사는 조각가다. 그는 키프로스 여인들을 음탕하다고 싫어했다. 아름다운 여인을 상아로 조각하고 조각상과 사랑에 빠진다. 사랑의 여신 아프로디테에게 "조각상 같은 여자와 결혼하게 해달라"고 빈다. 소원을 들은 여신이 조각상에 생명을 불어넣는다. 피그말리온은 사랑스러운 여인 갈라테이아와 오래오래 행복하게 살았다.

남성이 설계한 대로 사는 게 사랑스러운 여인이었다. 자신에게 생명을 준 신적인 존재인 피그말리온에게 갈라테이아는 어떻게 대했을까? 돈을 못 벌어와도, 바람을 피워도 고분고분했을까? 피그말리온은 능력 있고 항상 가정적인 남자였을까? 그렇지 않았을 것이다. 갈라테이아도 사람이 되었는데 늘 순종하지는 않았을 게 분명하다. 갈라테이아가 '이건 아닌데'라고 생각하는 순간, 둘 중 하나가 죽었을 것이다. 그때는 평균수명이 40세도 안 될 때였다. '오래오래'가 순식간에 지나간다. 그래서 옛날 얘기는 오래오래 행복한 게 가능했다.

에이미는 닉에게 요구한다. 결혼을 결심했던 그 순간의 사랑스러운 남자로 평생을 살 것을. 갈라테이아는 20년만 견디면 됐지만, 닉은 60년을 변하지 않고 견뎌야 한다.

이건 사람이 아니다. 도망도 못 간다. 오죽하면 잠든 아내의 뒷모습을 보며 '네 두개골을 깨고 뇌를 꺼내보고 싶어'라고 생각하겠는가. 이유는 영화를 보면 안다. 설명하면 재미없어진다. 〈나를 찾아줘〉는 비정상적인 부부의 모습 속에서 일상적인 부부의 모습을 떠오르게 한다. 많은 남자들은 피그말리온을 꿈꾸며 닉으로 살고 있다.

압제와 권태로부터의 탈출을 꿈꾸는 친구가 "자동 이혼제를 도입했으면 좋겠어"라고 말한다. 결혼 후 일정 기간이 지나면 자동으로 이혼하자는 거다. 체면 때문에, 아이들 때문에, 이런저런 이유로 어쩔 수 없이 사는 부부가 많다. 자동 이혼제를 도입하면 긴 인생에 여러 가지 새로운 기회를 자연스럽게 얻을 수 있다는 주장이다.

친구들이 농반진반으로 이러쿵저러쿵 아이디어를 내서 자동 이혼제의 뼈대가 완성됐다. 결혼하고 20년이 지나면 자동으로 이혼하도록 법을 고친다. 재산도 반으로 나눈다. 그래도 살고 싶은 경우가 있다. 그럴 땐 동사무소에 가서 연장 신청을 하면 최장 20년을 더 살게 한다. 대선 때 공약 아이디어로 주기로 하고 자리를 파했다.

시답지 않은 소리를 하다가 술이 좀 과했다. 택시를 타고 집에 가는데 낮에 받은 전화가 생각난다. 재혼전문회사 매니저다. 재혼 관련 콘텐츠를 보려고 신상정보를 입력했는데 연락이 왔다. 돌싱이라 했나 보다. "선생님 정도면 잘 팔려요. 예쁘고 돈 많은 40대 돌싱들 많아요. 한번 만나보세요."

그런가? 자신감이 생긴다. 흐흐흐 한번 만나보기나 할까? 집에 들어가서 아내에게 자랑했다. "나 재혼시장에서 잘 팔린다는데? 나한테 잘해야 돼, 알았지!" 호탕한지, 쪼잔한지 모르겠다. "어이구, 나야 좋지 이 중생아!" 아내가 되받아친다. 친구들과 즐겁게 술을 마시면 이게 문제다. 자기 처지를 곧잘 잊는다. 목이 말라 잠에서 깨니 돌아누운 아내의 뒷머리가 보인다. 나는 무슨 말을 한 것이고, 아내는 무슨 생각을 하고 있을까.

'어흥' 아내, '깨갱' 남편

○
○○
○○○
○

　　　　　　　　　　 "호랑이한테 혼났군." 세종 시에서 함께 근무하던 다른 신문사 후배 K가 주말에 장가를 간다. 신부와 지난 주말로 예정된 상견례가 깨졌다. 양가 부모도 아니고 친한 친구도 아닌 업계 선배들과의 상견례라니. 그렇지 않아도 준비할 게 많고 스트레스도 많이 받을 신부에 게 또 하나의 부담일 게다. 점심 약속시간을 얼마 남기지 않고 카톡이 왔다. "신부와 옷 사러 백화점에 가야 합니다. 부득이 오늘 약속은 취소합니다." 다들 신랑의 처지를 흔쾌히 이해한다.

'Tiger is comming(호랑이가 온다).' 모임 멤버들과 신혼부부를 이어주는 노래다. 본래 제목은 '아내가 온다'이다. 멤버 중 S가 작사, 작곡한 노래다. 그런데 K가 'Tiger is comming(호랑이가 온다)'으로 제목을 바꿨다. 아내는 호랑이라는 얘기다. 유부남들이 마누라를 무서워하는 것을 은근히 비꼰다. 다 끄떡끄떡해서 그렇게 부른다. 음악 강사인 신부도 이 노래를 마음에 들어한다. 상견례 모임이 추진된 이유 중 하나다.

언달래 장 만들어
콩나물밥 비벼먹고
얼른 장보러 가야겠다
봄나물을 가을에 먹일 순 없지

러시아에서 온 코다리
간밤 술안주 고맙다만
너도 역시 탈락이다
내 아내는 코다리찜 안 좋아해

둘이서만
오붓하게 밥해먹고
신나는 밤 보내보자
낼 아침엔 청산구경 함께 가야지

아하! 가을이다
불타는 여름은 갔다
이젠 가을이다
아직도 가슴은 탄다

"어때요? 죽이죠?" 중년의 기러기들에게는 정말 죽이는 노래다. 냉장고에 수북이 쌓인 철 지난 음식을 먹으면서 한 잔 술로 밤을 달랜다. 아내를 기다리며 요리를 준비하고 신나는 밤을 꿈꾼다. 가을이란 계절 속에 기울어가는 자신의 삶을 비춰본다. 객지에서 고생하는 주말부부의 애환이 절절이 담겨 있다. 노래가사 속의 아내는 호랑이가 아니다. 그런데도 다들 아내는 호랑이라는 데 동의한다. 이상한 일이다.

진짜 호랑이는 따로 있다. S는 고민이 많다. 음악을 좋아하고 잘한다. 그런데 돈이 된다는 자신이 없다. 귀농에 관심이 많다. 은퇴 뒤 음악을 할지, 귀농을 할지 한 가지를 선택해야 할 때다. 그래야 이제부터라도 준비를 할 수 있다. S는 노래하는 농부를 선택했다. 사정이 좋은 편이다. 다른 또래들은 더 준비가 안 돼 있다. 은퇴 시기는 점점 다가오는데 할 줄 아는 게 없는 사람이 대부분이다. '뭐 먹고 살지?'라는 원초적 고민에서 맴돌고 있다. 경제적 문제, 돈이 가장 무서운 호랑이다. 몸담았던 조직을 떠나면 호랑이 말고도 온갖 맹수가 우글거리는 정글 속의 양 신세다.

왜 아내가 호랑이냐고 물어봤다. 그랬더니 지은 죄가 많아서란다. 무슨 죄를 지었느냐는 말에는 다들 묵묵부답이다. 추측해본다. 보증 섰다 돈 떼이기, 사업하다 망하기, 딴짓하다 들통 나기. 아니면 의심스러운 행동을 반복하기, 도박 또는 술. 다들 자신은 지은 죄가 없다고 주장한다. 나도 지은 죄가 없다고 주장한다. 아내에게 이야기하니 눈초리가 예사롭지 않다. 그래 잘못이 좀 있다 치자. 그래도 그 눈빛은 뭐지? 왜지? 남자가 다 죄인은 아니잖아. 아내도 자잘한 잘못을 많이 하잖아. 근데 왜?

태생이 그렇기 때문이 아닐까. 존 그레이는 《화성에서 온 남자, 금성에서 온 여자》에서 "본래 남자는 화성인이고 여자는 금성인이기 때문에 둘 사이의 언어와 사고방식은 다를 수밖에 없다"며 명쾌하게 남녀관계를 설명했다. 한 발 더 나가자. 여자는 호랑이로 태어났고, 남자는 늑대로 태어났다. 그런데 남자는 끽해야 늑대인데, 여자는 고양이인 줄 알았는데 호랑이더라는 차이점이 있다. 진짜다.

후배가 약속을 펑크 낸 이유다. 후배는 여친을 예쁜 고양이로 생각했다. 음식과 음악을 공유하는 선배들과 피앙세의 만남을 섣불리 추진했다. 후배는 여친의 일정을 감안해 명동 근처에서 점심을 먹을 생각이었다. 근데 한 사람이 선약을 이유로 시간 조정을 요구했고 일이 꼬이기 시작했다. 그러다 싸운 게 틀림없다. 여친이 호랑이로 돌변해 앞발로 툭 치니까 단박에 그로기 상태가 됐다. 틀림없다. 통화할 일이 있었는데 여친이 몸이 아프다고 했다가, 미장원에 가야 한다고 말을 바꾼다. 상당히 충격을 받고 얼떨떨한 상태다.

여친을 따라 백화점에 간 K가 연이어 카톡을 날린다. 약속을 깨서 미안했나 보다. "두 바퀴 돌고 있어요." "또 백화점이에요." "이틀째 돌고 있어요." "남자에게 백화점은 무간지옥인가 봐요." 선배들이 호랑이 마나님에 쩔쩔매는 것을 은근히 비웃던 후배가 너무 빨리 아내를 두려워한다. 고양이는 호랑이가 됐는데 은근히 마초 끼를 자랑하던 후배는 늑대에서 반려견으로 진화한 느낌이다. 참고로 나는 절대 두 바퀴는 돌지 않는다.

S가 결혼식에서 축가를 부르려다 잘 안 됐다. 가족들과 아주 가까운 지인들만 모여 결혼식을 치르기로 했다. 만남도 무산되고, 축가도 성사가 안 돼 결혼 후 집들이를 추진하기로 했다. 신부도 참가하는 요리 배틀을 하고 싶다. 근데 문화가 조금 다르다. 우리 때는 남자가 집에 친구를 들이는 게 아주 자연스러웠다. 젊은 부부들은 다르다. 40대 초중반의 만혼이지만 어떨지 모르겠다.

"어이 K! 호랑이 굴에 들어가도 정신만 차리면 살 수 있어. 우리 봐. 흥부네처럼 알콩달콩 잘 살잖아." 후배가 호랑이 굴에서 그나마 야성을 지닌 늑대로 버티고 있는지, 아니면 반려견으로 진화했는지는 집들이의 성사 여부가 보여줄 거다.

당당줌마와
빌빌저씨

°
°
°
°
°
°

"왜 아내와 엄마는 항상 정
답만을 애기할까?" "본인은 그렇게 행동하지 않으면서." "글
쎄 말야, 항상 남편과 아이들을 다른 집과 비교하고 채점하기
에 바빠." "옆집 아줌마랑 비교하면 길길이 뛸 걸?" 친구들이
식사를 하다가 자기 아내 뒷담화를 할 때가 있다. 전형적인
아줌마가 돼버린 마누라의 신혼 때 모습을 떠올리며 그녀의
변화에 새삼스럽게 놀란다.

"부모님 때만 해도 여자들이 일찍 일어나 곱게 화장하고
남편을 맞았는데 말야." 하품하며 일어나 방귀를 달고 사는

마누라가 못마땅하다. 마누라 얘기가 아줌마 흉보기로 바뀐다. 지하철에서 빈자리에 엉덩이 밀어 넣기 신공, "왜 그래, 깎아줘!"라는 막무가내 흥정, 카페에서 머릿수 절반만 커피 주문하고 리필하기, 할 일 없이 수다 떨기 등등. 마누라와 아줌마를 싸잡아 흉보는 소리를 여자들이 들으면 어떤 생각을 할지 궁금하다. "아저씨들 쪼잔하네." 맞다. 우리도 말하고 나서 그렇게 생각했다.

A의 특수한 경험이 화제가 됐다. A는 정기적으로 매달 만나는 B고등학교 모임이 있다. 1980년대 초반 졸업 무렵부터 만났으니 30년이 넘은 모임이다. 이 모임의 회장과 총무는 B고 출신이 아니다. 가족끼리 친해지자며 부부동반 모임을 몇 차례 한 뒤 왕언니가 회장을 하고 총무도 아내들이 번갈아 하고 있다. 여자들 모임이 됐다. 매달 회비를 걷는다. 장소도 여자들이 정하고 한 번 만나면 세 시간은 기본이다. 남편이 빠지는 경우에도 아내들은 대부분 참석한다.

"와이프에게 알리지 않고 우리끼리 몰래 만날 때도 많아." 뒷전으로 밀려난 아저씨들은 지들끼리 모여 논다. 그런데 불만이 없다. 아줌마들의 연대가 쓸모 있다는 걸 깨달았기 때문이다. 친구 부부가 파경 위기에 처한 적이 있다. 남자들은 친구의 집안사정을 몰랐다. 그런데 여자들은 그 집 숟가락까지 꿰고 있을 정도였다. 여자들끼리 만나서 위로하고 남자 욕하고, 여자 달래고, 부부 중재하고. 어쨌든 다시 살게 됐다. 부부간의 갈등이 부부간이 아니라 여자들 사이에서 정리되는 희한한 경험을 몇 차례 했다.

여자들이 모여 수다만 떠는 줄 알았는데 알고 보니 아니었다. 굉장히 실질적인 관계를 만든다. 일 중심이 아니라 관계 중심이다. 수다는 단순한 수다가 아니었다. 자녀의 양육부터 요리법, 시댁과의 관계 설정법 등 온갖 정보를 교환한다. 또 아픔을 털어놓고 서로를 위로하는 힐링의 시간이다. 때론 뒷담화도 있다. 친밀감과 연대를 키워 공동체를 만들고 서로 기대면서 살아간다.

아줌마는 '아주머니'를 낮춰 이르는 말이다. 국어사전에 그렇게 쓰여 있다. 그런데 아줌마들이 이 말의 뜻을 바꿔나가고 있다. "그래, 나 아줌마다"라며 당당히 나서고 있다. 아줌마 축제를 검색해보라. 수원, 안양, 평촌, 고양, 대구, 대전에서 아줌마 축제가 줄줄이 나온다. 아줌마닷컴은 번창해도 아저씨닷컴은 초라하다.

아줌마들, 아니 우리의 어머니, 우리의 아내들은 항상 당당했다. 전통이다. 신사임당이나 이항복의 어머니처럼 자식들을 잘 키워냈고, 행주대첩과 강강술래에서 보듯이 국난을 극복하는 주역이기도 했다. 결혼해서 갑자기 변하는 게 아니다. 유관순이 있고, 개발시대 여공들이 있다. 골프, 양궁, 빙상도 있다. 대한민국 여성은 본래 강하다. 아줌마라 폄하되는 특징은 험난한 세월을 극복해온 실질적인 강인함의 작은 표현일 뿐이다. 면면히 내려온 전통에 뿌리내리고 있다. 그리스 신화에서 여성은 '남자가 되다 만 사람'이었다. 기독교에서 여성은 '원죄'의 뿌리였다. 단군신화에서 곰이 변한 여성은 간난신고(艱難辛苦)를 겪고 민족을 잉태한 온전한 어머니다.

폄하되는 아줌마들의 특징을 곰곰이 뜯어보면, 행동력이 강하고 남의 눈치를 안 보면서 약간 이기적이다. 남한테는 조금 이상하게 보여도 피해 주지 않고, 자기에게 좋으니 크게 문제될 것은 없다. 외부에서 강요하는 사소한 도덕률에 크게 얽매이지 않는다. 나를 중심으로 가족, 친지, 친구, 공동체 등 사람관계를 중시한다. 자신과 관계 있는 집단이 잘되기를 바란다. 아줌마닷컴에 가보면 알 수 있다. 온갖 주제에 대해 의견을 나누고 위로받는다. 인생에 대해 수다를 떨고 살림, 경제, 스타일, 문화, 공연, 건강, 다이어트, 자녀 교육, 사랑과 결혼 등에 대해 스스럼없이 대화를 나눈다. '나 너무 속상해' 코너를 보면 공감과 위로의 댓글이 수백 개씩 달린다. 남자들이라면 악플 일색일 게 분명하다.

아줌마는 실질적이다. 아내와 엄마이면서, 실리를 위해 '여자답지 않을 권리'를 선택한 존재가 아줌마다. 아줌마와 아저씨를 비교하면 아저씨가 대부분 밀린다. 아저씨가 앞선 부분이 있다면 직장에서 일하면서 돈 번다는 정도다. 은퇴하면 경쟁이 안 된다. 대인관계, 살림, 적극성에서 아저씨는 허당이다. 어떻게 하나? 좋은 방법이 있다. 따라하면 된다. 아줌마들에게 '아주 마이' 배워야 한다.

한국 중년의 함정, 은퇴 크레바스

노인의 법적 기준은 만 65세다. 기초노령연금, 노인장기요양보험 대상자 모두 65세 이상이다. 국민연금도 단계적으로 수령 연령을 올려 2033년부터는 65세부터 받게 된다. 15~64세 인구를 생산가능인구라 한다. 14세 이하와 65세 이상은 부양 대상이다.

고령화의 기준도 65세 이상이다. 고령화 사회는 65세 이상의 인구가 전체 인구의 7퍼센트 이상일 때를 말한다. 65세 이상 인구가 전체 인구의 14퍼센트 이상이면 '고령사회'로 넘어가고, 20퍼센트 이상이면 '초고령사회'가 된다. 젊은 노인이 많다 보니 노인 기준을 올리자는 얘기도 나온다. 그러나 유엔이 정한 세계적으로 통용되는 국제기준이고 복지제도의 기준이라 쉽사리 고치기는 어려워 보인다.

노인의 기준은 두 가지 의미를 내포한다. 하나는 일할 능력이 없는 부양 대상이 된다는 의미이고, 다른 하나는 복지 대상이 된다는 뜻이다. 우리나라는 은퇴 시기와 복지 대상이 되는 나이의 격차가 크다. 자식이 노부모를 모시는 전통적인 부양제도는 무너진 반면, 국민연금과 기초노령연금은 미미하다. 그래서 몸만 건강한 중년들이 불안해하는 것이다.

'은퇴 크레바스'라는 말이 있다. 크레바스는 빙하의 갈라진 틈이다.

직장 은퇴와 국민연금을 받는 시기와의 틈을 말한다. 빙하 사이 계곡으로 떨어지듯 은퇴 후 소득 없이 지내는 기간의 위험함을 은퇴 크레바스로 표현한다. 정년 60세 연장이 추진되고 있지만 실제는 그렇지 못하다. 40대부터 직장에서 밀려난 베이비부머들의 막다른 선택으로 자영업도 포화 상태다. 기업들은 연공급과 호봉제 등으로 비용 부담이 큰 중간간부 이상을 구조조정 대상으로 삼는다.

한쪽 측면만 봐서는 해결이 안 된다. 연금, 의료보험, 정년, 인력(이민 재교육), 세제, 예산, 사회정책, 고용정책 등을 망라하는 종합적인 정책과 사회적 대타협이 필요하다.

한 달에 4000~5000개 수준이던 신설 법인 수는 베이비부머들의 본격적인 은퇴와 함께 2012년에 6000개 선으로 올라섰다. 2014년 들어서는 7000개를 넘어 8000개를 돌파했다. 한국은행은 신설 법인이 이렇게 크게 늘어난 데는 정부가 내놓은 창업 지원책의 영향도 있다고 전했다.

나는 허니(Honey)인가,
머니(Money)인가

#1. 모처럼 한적한 주말. 아바 음악을 틀어놓고 책을 읽고 있었다. '허니 허니(Honey honey)'가 나온다. 노래를 듣고 있는데 주방에 있는 아내도 흥얼거린다. 가만히 들으니 '머니 머니(Money Money)'로 들린다. 뭐 또 돈 쓸 일이 있나? 이놈의 돈은 항상 부족하다. 돈다. 돌겠다! H가 M으로 바뀌었을 뿐인데. 가사의 의미는 하늘과 땅 차이다. 허니 허니, 당신은 나를 전율케 하죠. 완전히 뿅가게 해요(Honey honey, how you thrill me, honey honey, nearly kill me). H에서 M으로 바뀌는 순간 달달한 내용이 갑자기 살벌해진다.

203

머니 머니 엄청 겁주네. 아, 돌아가시겠네.

#2. "도대체 왜 남자가 집을 마련해야 돼? 혼수는 간단히 하자고 하는데 집값은 오르잖아. 아들 둔 게 뭔 죄냐? 요즘은 손주 봐주지 않으면 아들은 처갓집에 뺏긴다며. 그런데 왜 전셋집까지 장만해줘야 하냐고!" 사고 쳐서 일찍 장가간 놈이 저 닮은 아들의 혼사를 두고 흥분해서 난리다. 이놈 때문에 고민이 빨라졌다. 빨라야 5년 뒤에 할 고민을 앞당겨 하게 된다. 그렇잖아도 고민거리가 많은데 부담은 친구들이 나눠 가진다. 딸 가진 녀석들은 "야, 그게 우리 문화야. 흥분하지 말고 잔이나 받아"라고 콧방귀를 뀐다.

돈 걱정도 때에 따라 다르다. 30대에는 내 집 마련 문제로 고민했다. 40대에는 대학 입시를 앞둔 자식들의 사교육비로 끙끙 앓는다. 애들 대학 학비는 사교육비보다는 부담이 덜하다. 사교육비는 부모 능력에 따라 천차만별이다. 많은 경우 '허리가 휠 때까지'라는 공통점이 있다. 이제는 슬슬 자녀의 결혼비용 문제가 화제로 떠오른다. 은퇴 후 걱정도 점점 늘어난다.

#3. "엄마 잘 있나?" 중년의 남자가 지나가는 여성에게 물어본다. "잘 계세요." "인사 전해다오. 잘 가." 탱고의 고향인 아르헨티나 부에노스아이레스에서 현지인이 대화를 나누는 장면이다. 옆에 있던 친구가 묻는다. "누구야?" "응, 내 딸." 친구는 우리나라 무역회사의 현지 사무소장이다. 깜짝 놀랐단다. 어떻게 딸한테 그렇게 얘기를 하지? 그런데 가정이 무너지고 많은 사람들이 그렇게 지내는 것을 알고 더 놀랐단다. 남자들이 경제적으로 가족을 부양하기 힘들어지고 또 부양의 의무를 지지 않으려 한다는 것이다. 그래서 여자를 만나서 좋으면 애 낳고 살다가 싫으면 남자가 떠난단다. 일부 상류층을 제외하고는 모계사회가 됐단다. 라오스와 베트남도 그렇다.

우리 때는 남자와 여자의 역할을 나누는 게 당연했다. 돈을 벌고 가족을 부양하는 것은 남자 가장의 몫이었다. 그사이에 여권이 신장했다. 역할의 변화는 생겼는데 권한과 의무는 그대로인 경우도 많다. 마찰이 발생한다. 좋아하고 사귀고 결혼하면 됐는데, 이제는 따질 게 많아졌다. 신인 가수 '브로(Bro)'는 노래 '그런 남자'에서 남자에게 많이 바라는 여자를 '김치녀'로 매도한다. 우리 또래는 없어도 있는 척했다. 뒤에서 돈

세면서 쩔쩔매도 겉으로는 안 그런 척했다. 요즘 젊은이들은 다른가 보다.

다 돈 문제, 경제적 문제가 중심에 있다. 아바는 다른 노래 '머니 머니 머니'에서 돈은 틀림없이 재미있고(funny) 햇살 같다(sunny)고 했다. 돈 많은 사람의 세상에서(in the rich man's world). 대부분의 아빠나 아들은 돈 많은 세상 사람이 아니다. "돈은 최선의 종이요, 최악의 주인이다"라는 프랜시스 베이컨의 말이 실감난다.

힘들다. 뭔가 변화를 모색하면서 질문하기 시작한다. "왜 아들 가진 부모가 자식 결혼 때 집을 도와줘야 하나?"는 중년 남자의 의문. "내가 왜 데이트 비용을 다 내고 여자를 공주 대접해야 하지?"라고 묻는 젊은이. 여자들이 보면 남자들이 쫀쫀해지기 시작했다. 당찬 여자들은 '렛잇고'를 부르며 자기 갈 길을 간다. 과거의 기준과 엇갈린 현실 사이에서 젊은 연인들은 제대로 연애조차 못하고 썸만 탄다. '썸싱'을 고대하면서 변죽만 울린다. 결혼은 언감생심이다.

젊은 후배에게 데이트 비용에 관해 물어봤다. 공동으로 통장을 만들어 데이트 비용으로 쓴다고 한다. 자기가 더 내고 여자친구가 조금 덜 냈지만, 함께 만들어 쓰니 서로 부담이 없고 편하다고 말한다. 변화된 환경에 맞게 균형을 찾는다. 균형을 찾아야 서로 불편하지 않다. 김치녀니 김치남이니 하면서 싸우지 않는다. 우리보다 애들이 더 문제다. 삼신할머니, 우리 애들이 남자와 여자로 갈려 디스하지 않고, 연애하고 결혼해서 잘 살게 해주소서. 조금 힘들더라도.

꼰대와 웬수,
어차피 계산기론 답 안 나온다

아버지가 아들을 죽인 사건
이 있었다. 설 연휴에 할머니에게 세배를 가자는데 말을 듣
지 않은 게 살해 동기다. 패륜 뉴스는 명절이면 꼭 한 번씩 나
온다. 명절 때 부모님들이 꼭 하는 말이 있다. 누구 집 아들은
재산을 물려줬더니 코빼기도 안 보인다는 얘기다. 자식 얼굴
보려면 끝까지 가지고 있어야 한다는 게 생활의 지혜가 됐다.
자식이 힘들건 말건 안 주는 게 현명한 부모가 된다.

권력과 돈을 둘러싼 부자간의 갈등은 뿌리가 깊다. 그리스
신화는 부자간의 권력 투쟁으로 시작한다. 제우스는 아버지

(크로노스)를 무한지옥에 가두고 신들의 왕이 된다. 크로노스도 자신의 아버지(우라노스)를 거세하고 왕이 된 전력이 있다. 말종 집안이다. 우라노스는 자식들을 아내의 자궁 속으로 다시 집어넣었다. 크로노스는 아버지처럼 안 되려고 자식들을 삼켰다. 영원한 권력을 꿈꿨지만 둘 다 아내와 아들 연합군에 패한다. 신화는 현실을 비추는 거울이다. 후백제를 망하게 한 견훤과 아들 신검의 왕권 다툼. 언론에 늘 보도되는 경영권을 둘러싼 부자 또는 형제간의 싸움. 돈과 권력을 둘러싼 부자간의 갈등은 역사 속에서, 현실에서 늘 일어나는 드라마다.

문화라는 사회적 유전자는 질기다. 부자간의 다툼에서 자식을 '말 잘 듣게 하려는' 아버지의 권력욕은 누구에게나 남아 있다. 그런데 자식들은? 권위에 도전하는 것을 넘어 아버지의 존재를 무시하는 경우도 많다. 부자간의 관계가 잘못된 권력 다툼으로 비화하면 언제나 비극으로 끝난다. 해체된 권력에 분노한 모습이 '뜻밖의 살인사건'으로, 권력의 그림자를 지키려는 애절한 노력이 '상속 이지메'로 나타난다면 지나친 억측일까?

친구의 열변을 듣고 풋 하고 웃었다. 자식들에게 들어간 돈을 항목별, 시기별로 엑셀에 기록하고 있단다. 적정한 때 보

209

여주면서 "내가 너를 이렇게 키웠다"고 말할 심산이란다. 과거의 비용을 무기로 삼아 자식들에게 영향을 미치겠다는 순진한 발상이다. 권위는 물론 힘도 없고 돈도 떨어졌다는 고백일 뿐이다. 틀림없이 잘 안 된다. 불화만 키울 수 있다. 셈을 잘해야 부자간의 관계도 원만해진다. "키우면서 다 받았어. 셈을 분명히 해야지." 나는 아이들이 부모의 은혜에 대한 대가를 선불로 냈다고 생각한다. 아이들의 티 없는 미소, 아이들의 달콤한 재롱보다 더 큰 선물이, 더 확실한 보답이 어디 있었던가. 지금까지는 '쎔쎔(same-same)'이라고 셈하는 게 옳지 않을까?

그렇다면 앞으로는? 친구가 되어 함께 노는 요즘 젊은 아버지들의 방식이 100세 시대의 베이비부머에게 해답이라고 생각한다. 성인으로 함께 사는 기간이 훨씬 길어졌다. 아버지가 아이들을 키우고, 성인이 된 자식들이 늙은 아버지를 보살피는 관계는 지속되기 힘들다. 청장년으로 함께 사는 기간이 훨씬 길어졌다. 당연히 자신의 삶에 스스로 책임을 지면서 서로 의지하는 가장 가까운 동반자 관계가 옳다고 생각한다. 지금까지 '쎔쎔'이라면.

인순이는 노래 '아버지'에서 어렸을 때는 태산이었던 아버지가 이제는 동네 둔덕이 됐다고 슬퍼했다. 이 노래 좋아한다. 또 영웅이었던 아버지의 초라한 모습에 애처로움을 느끼는 인순이와 많은 자식들의 연민도 이해한다. 그러나 아버지로서는 태산보다 둔덕이 참 좋다. '비빌 언덕'조차 없는 사람도 많다. 모든 것을 다해주는 슈퍼맨이 뒤끝 있게 쓴 비용을 엑셀에 저장해놓으면 서로 피곤해질 수 있다. 대가를 바라면 이미 슈퍼맨이 아니다. 그저 '비빌 언덕'이 된다면 서로 좋지 않을까. 물론 모든 것을 해주는 태산이면 좋으련만 대부분의 아빠에게는 꿈같은 얘기다. 긴 인생 스스로의 앞날도 버거운 현실이다.

나는 '두 아들과 많은 이야기를 나눈다'고 생각한다. 가끔 맞는 생각일까, 궁금해진다. 대부분 내가 먼저 묻고 상의한다. 아이들이 먼저 나에게 상의하는 경우는 많지 않다. 아니 별로 없다. 전화도 내가 먼저 걸고, 통화 때 아이들의 답변은 "예", "예", "예"가 대부분이다. 카톡으로 조금 길어진 답변이 생겼을 정도다.

그런데 얼마 전 큰아들이 나에게 먼저 말을 건넸다. 기분이 좋았다.

"아빠, 둘째가 걱정이에요."

"뭐가?"

"여자를 너무 모르는 것 같아요."

"그렇지, 미팅도 안 하고 여자한테 관심도 별로 없나 봐."

"그러면 안 되죠, 여자애들 속내를 알아야 하는데." 갑자기 의문이 들었다. 계속 기분 좋아해야 하나? 아빠를 같은 수컷으로 보고 동생의 여자 문제를 걱정하는 큰아들이다. 이 녀석이 나보다 여자를 많이 아나 보네? 갑자기 엉뚱한 말이 내 입에서 튀어나온다.

"야! 너 왜 새벽에 들어온 거야?"

퉁명스럽게 답한다.

"홍대 앞 클럽. 부비부비 가르쳐드려요? 아빤 들어가지도 못해."

대화 쉽지 않다. 가끔 혀 짧은 소리도 들어야 한다. 아들과 친해지려고 생각한다면.

아버지는
아부지(我不知)다

"휴, 딸이 아니라 돈 덩어리
예요." 택시기사가 긴 숨을 내뱉는다. 내가 택시에 타자 조수
석에 앉았던 아가씨가 전철역 앞에서 돈도 안 내고 휭 하니
내린 뒤였다. 누군지 물어보니 막내딸이란다. 언니 둘에 이
어 명문대에 합격했다. 교대에 가라고 했는데 씨알도 안 먹혔
단다. 가고 싶은 대학을 가려는 딸과 경제적 부담을 줄이려는
아버지 사이의 갈등이 냉기로 남아 있다. "자식 이기는 부모
없어요." 부녀간 싸움의 승패는 상처만 남긴 채 결론이 난 듯
했다.

"도대체 어떻게들 사는지 궁금해." 애 둘을 둔 친구가 있다. 대입 기숙학원에 들어간 아들과 미대 진학을 꿈꾸는 딸. 둘을 합한 비용이 한 달에 400만 원 넘게 든다. 입시 경쟁과 무리한 사교육을 나무라던 친구다. 자식이 하겠다는데, 아내가 시킨다는데 어떻게 당해내나. 기본만 하는데도 힘들어 죽겠단다. 아내가 "옆집 누구는 어떻고……" 하기 시작하면 더 죽겠단다. 옆집에는 무슨 묘수가 있나 궁금해한다. "뭐, 다른 구멍이라도 있나?" 옆집 사람도 이 친구를 궁금해할 거다. 구멍 없다. 힘들면서도 아닌 척 살고 있을 가능성이 크다. 외환위기를 겪은 베이비부머들은 자신이 견딜 수 있을 때까지, 아니 그 이상으로 자식 교육에 돈과 정성을 쏟아붓는다.

그렇다고 아버지들이 대접받는 것도 아니다. 송강호가 주인공으로 나오는 영화 〈우아한 세계〉의 마지막 장면이다. 조폭 중간 보스 강인구(송강호 분)는 기러기 아빠가 됐다. 가족과 함께 살려고 산 정원이 딸린 저택 거실에서 혼자 라면을 먹고 있다. 60인치가 넘는 커다란 TV로 캐나다에 있는 아내와 아들딸의 행복한 모습을 찍은 비디오를 보며 웃다가 운다. 과장, 부장이란 직함 대신 형님이란 직함을 가진 송강호지만 가족 사랑은 여느 아빠와 다르지 않다. 가족을 부양하기 위해서

조폭이 된 그를 가족들은 멀리한다.

　송강호가 이혼하자는 아내에게 하소연한다. "내가 왜 이렇게 사는데." "그 돈으로 먹고살았잖아." "배운 게 이 짓뿐이야." "이런 줄 알았잖아." 많은 아버지들이 하고 싶어하는 말을 대신해준다. 깡패 강인구의 얼굴 위로 험한 사회에서 아등바등 애쓰지만 직장과 가정 양쪽에서 초라한 대접을 받는 대한민국 아버지들의 모습이 오버랩된다. 사회에서 존경받는 번듯한 직업, 돈 잘 버는 아빠, 이해심 많고 가정적인 삶. 이 시대가 요구하는 아버지상을 감내할 아빠는 과연 몇이나 될까? 자신의 노력만으로 사회적 성취와 가정의 행복을 일궈낼 수 있는 슈퍼맨은 얼마나 될까? 영화 속 조폭의 모습에서, 삶에 허덕이며 인정조차 받지 못하는 아버지들의 초라한 모습을 발견한 게 나만은 아닐 것이다.

　〈슈퍼맨이 돌아왔다〉가 인기다. 아빠를 가족에게 돌려보내는 프로그램이다. 지금은 종영한 〈아빠 어디 가?〉도 마찬가지다. 부럽다. 돈도 벌고 아이들과 함께 보낼 수 있으니. 준수, 윤후, 지아, 추사랑, 대한이 민국이 만세, 참 예쁘다. 남의 아이도 이 정도인데 내 아이는 얼마나 예뻤을까? 그런데 이미 다 커버렸다. 안 놀아줘도 우리의 아버지들은 그냥 슈퍼맨이었다. 가장 좋은 물건, 가장 맛있는 반찬. 좋은 것은 모두 아버지 몫이었다. 아버지의 한마디는 법이었고 질서였다. 요즘 젊은 아빠들은 가정과 직장을 병행하는, 노력하는 슈퍼맨이다. 그런데 우리는 '슈퍼'에서 라면 사다 끓여 먹는 '슈퍼'맨 신세가 됐다. '어?' 하다 보니 송강호 꼴 됐다. 열심히 돈만 벌면 제대로 아빠 노릇 하는 줄 알았다. 근데 열심히 벌어 봤자 자식들 교육비 마련하기도 버겁다. 어떻게 하면 좋을까?

아버지의 실상을 알게 해주는 게 가장 좋은 방법인 듯하다. 우연히 우리 집 아이들이 가정경제의 실상을 알게 됐다. 어느 날 아내로부터 "애들이 빚을 물려받을까 걱정한다"는 얘기를 들었다. 우리가 거실에서 학자금 문제 등 이런저런 상의를 하는 걸 들었다고 한다. 아이들에게 통계청 평균자산 이상을 가지고 있는 당당한(?) 중산층 가구라고 설명해주었다. 의외로 상황이 좋아졌다. 대학에 다니는 두 아들이 절약하는 습관을 익히고, 장학금을 타기 위해 열심히 공부하는 결과를 얻었다. 부모라서 뭐든지 해줘야 한다는 중압감보다는 여러 가지 얘기를 함께 나누고 가족과 아이들의 미래를 함께 고민하는 게 바람직하다는 교훈을 얻었다. 베이비부머들도 10대 후

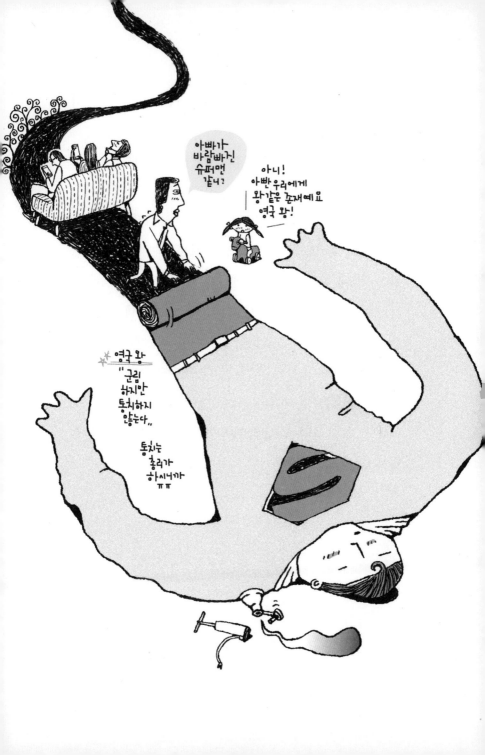

반부터 나라를 걱정했는데 그 자녀들이 아빠보다 생각이 뒤질 이유가 없다.

나는 아이들 때문에 돈 걱정하지 않는다. 아내는 결혼 때 전세금 정도는 마련해줘야 하고, 지금이라도 원하면 유학을 보내자고 한다. 결혼하려면 10년 정도 있어야 하는데 그때는 공공임대주택이 많아진다. 또 유학 가라고 하면 틀림없이 안 간다. 고등학교 때도 반발해 캐나다 유학을 못 보낸 적이 있다. 고맙게 생각한다. 본인이 철들고 뭔가 뜻을 세우기 전에는 안 갈 게 분명하다. 고마워, 철없는 아들아. 이런 걱정보다는 노래방에 자주 함께 갈 생각이다. 지난번에 나는 산이의 '내가 아는 사람'을, 아들들은 자두의 '김밥'을 배웠다. 서로 배워 잘 썼다. 가훈을 '함께 있어 가족이다. 함께 놀자'로 정할까 보다.

내 안의 아버지,
아들 안의 나

아버지 나이가 되니까, 아
버지 처지가 되니까, 아버지가 새삼 생각난다. 나보다 주먹
하나는 더 큰 아들놈이 나를 무시하고 엉길 때, 그때가 생각
난다. 내 얘기가 아니라 친구들 얘기다.

언론계 선후배 셋이 만났다. 비슷한 무렵에 기자 생활을 시
작해 다른 곳에서 일한다. 함께 젊은 시절을 보냈다. 대화가
통한다. 나는 어려서 아버지를 여의어 아버지에 대한 기억이
없다. 남들은 가졌는데 없는 것에 대한 '상실감'과 '궁금증'이
있을 뿐이다. 아버지는 어떤 존재였는지 물어봤다. 돌아온 답

219

이 '미안하고', '고마운' 사람이란다.

그때 왜 그리 아버지는 왜소하고 답답했을까. A에게 아버지는 '비굴한 속물'이었다. 1980년대 초반, 전두환 정권 초기였다. "데모하지 말아라." "그래도 꼭 해야겠다면 맨 뒤에 서라." 아버지의 말은 A를 울컥하게 했다. 군부독재도 나쁘지만 비겁한 어른들도 문제라고 생각했다. 아버지의 관심은 시위 현장에서 아들을 격리시키는 데 있었다. 그리고 다른 관심은 온통 '돈'이었다. 나는 당시 외삼촌 집에서 함께 살았다. 외삼촌도 나에게 똑같은 말을 했다. 우리 또래의 아버지들은 대부분 그렇게 살았다.

"삶은 얼마간의 굴욕을 지불해야 지나갈 수 있는 길이라는 생각"(황지우의 '길')을 그때는 할 수 없었다. 젊은이의 몫이 아니었기 때문이다. 내 가족을 온전히 지켜내고 부양하는 일이 얼마나 버겁고 힘든 일인지 그때는 몰랐다. 인류 평화와 민주주의는 내 손에 있었어도 가족은 관심 밖이었다. 수많은 아버지들이 한 뼘 가정을 지키기 위해 어떤 굴욕을 감내하는지, 아니 자처하는지 알 수 없었다.

아침에 A는 거울을 본다. 흰 머리와 눈 아래 잔주름에서 아버지의 모습을 발견한다. 닮아도 너무 닮았다. 이제 생각하니, 아버지는 가족의 '영웅'이었다. 중소기업을 다니던 아버지는 삼형제를 모두 대학에 보냈다. B는 화분을 보살피는 취미가 생겼다. 화분에 물을 주는 아버지를 보면서 '남자가 그렇게 할 일이 없나'라고 생각했었다. 아버지의 모습을 그대로 닮아가는 자신을 발견한다.

아버지는 자신의 모든 힘을 쏟아내고 스러져 갔다. 돈 많고 힘 있는, 당당하고 자랑스러운 친구의 아버지가 부러웠다. 뒤늦게 깨닫는다. 힘없는 아버지들이 가정을 위해 굴욕을 감내하며 쌓아온 땀방울이 나를 키우고, 가정을 지키고, 나라를 이만큼 만들었음을. 내가 아버지를 무시하며, 아버지에게 쏟아부은 한 바가지의 굴욕. 부끄러워진다. 안 그래도 힘드셨을 텐데.

B는 자식에게서 젊은 날의 자신을 발견한다. 무슨 말을 해도 "알아서 할게요"라며 퉁퉁거리는 아들의 모습은 30년 전 자신의 모습과 닮은 듯 다르다. 돈 못 번다고 대놓고 괄시하는 아내의 모습이 오버랩되기 때문이다. "지 어미 따라하는 것 같아." "속으로는 끓지만 어쩔 방법이 없어." "아버지도 묵묵히 참아내셨다는 생각이 들어." 화초를 가꾸며 화를 삭인다. 아버지가 꽃을 가꾸면서 능력 없는 가장에 대한 가족들

의 야유를 속으로 녹였다는 것을 뒤늦게 깨닫는다.

　삶은, 생은 기억이다. 거울 속에 비친 중년의 내 안에 있는 아버지의 모습. "왜요?" 하고 대들면서 아빠를 귀찮아하는 아들의 눈망울 속에 있는 젊은 날의 나의 초상. 기억을 통해 아버지가 살아나고 철없는 내 모습이 되살아난다. 유전자는 수십억 년 동안 기억을 재생하며 생명을 이어왔다. 기억은 진화를 통해 생태계를 만들었다. 아버지에게서 나로, 나에게서 아들로 이어지는 세대 간의 기억은 갈등과 반항과 이해를 거쳐 연민으로 익어간다.

　'그대 살아 있소 그대 살아 있소 아- 있소 아- 있소 내 맘 속에.' '그대 사랑 있소 그대 사랑 있소 아직도 아직도 내 맘 속에.' 한대수의 노래 '그대'다. 아버지는 아들의 마음속에 살아 있다. 아들이 내 젊은 날의 모습을 되살릴 때면 그때 아버지의 모습이 가슴을 적신다. 아빠가 뒤늦게 미안해하는 나의 모습을 보며 "괜찮아"라고 손을 잡아주는 듯하다. 아버지가 아니라 "아빠"라고 다시 부르고 싶은 마음이다.

　A의 얼굴이 갑자기 밝아지더니 크게 웃는다. 그의 얼굴에서 그런 웃음을 처음 보는 것 같다. 기숙학원에서 재수하는 아들에게 절 받은 경험담을 늘어놓는다. 집에 들른 아들이 방

으로 들어오더니 "아빠, 고맙습니다" 하고 큰절을 하더란다.
"왜 그래?" 물었더니 씩 웃기에 "너 용돈 필요하구나?"라면
서 돈을 쥐어주었다고 자랑한다. "애 엄마가 시킨 거겠지"라
며 아내에게 고마워한다. 몇 년 동안 아내와 아들에게 쌓였던
갈등이 한번에 녹아내린다. 나이를 먹었는데도 철 안 든 어린
애 같다.

신혼여행과 쉰혼여행,
첫날밤과 천날 밤

여행은 즐겁다. 먹고, 마시고, 놀고, 즐기고, 구경하고, 배우고, 느끼고, 자고, 사고……. 큰맘 먹고 가는 해외여행은 오감(시각, 청각, 후각, 미각, 촉각)에 육감, 상상까지 동원되고 쇼핑과 관용까지 더해져 즐거움이 증폭된다. 일상에서의 탈출 자체만으로 흥분된다. 어쨌든 일탈이니까.

해외여행에도 시류가 있다. 요즘에는 쉰혼여행이 유행이다. 신혼여행이 아니라 '쉰혼'여행이다. 쉰 살 부근의 부부들이 함께 떠나서 쉰혼여행이다. 맛이 갔다는 의미, 음식이 상해서 쉬었다는 의미의 쉰혼여행이 아니다. 쉰 살이면 아직 팔팔하다. 뭐가 팔팔하냐고 따지면 조금 양보하자. 쉰 살이면 아직은 칠칠맞다. 할 건 다 한다.

신문사를 그만두면서 아내와 유럽여행을 떠났다. 해외여행이란 당근으로 아내를 달래려고 마음먹었다. 홈쇼핑에서 상품을 팔기에 아내에게 제안했다. 앞으로 수입도 없을 텐데 무슨 해외여행이냐면서도 관심을 보인다. "유럽여행치고는 싸네, 코스도 좋고." 가자는 얘기다. 유럽여행 약발이면 건달 상태로 3개월 정도는 버틸 수 있겠다. 약발이 떨어지기 전에 책도 내고 강연이나 방송 준비를 해야겠다고 생각한다.

임원으로 회사를 사직한 두 친구도 부부가 함께 해외여행을 떠났다. 한 친구는 아내의 제안으로 동남아 여행을 택했다. 고급 리조트로 갔다. 아내가 그동안 수고했다며, 꿍쳐뒀던 비상금을 풀었단다. 다른 친구는 캐나다에 있는 아들을 방문한단다. 저렴한 비행기 표를 구했다며 좋아한다. 캐나다에 가는 길에 쿠바에 들렀다 온단다. 아버지 소식을 들은 아들이 학업을 계속해도 되냐고 걱정하더란다. 아들의 걱정을 덜어주는 게 여행의 중요한 목적이다. 다른 이들보다는 형편이 나은 편이지만 도긴개긴이다. 둘 다 다음 먹거리가 걱정이다.

아이들이 어려서 더 그렇다. 일에서 갓 벗어났는데 마음은 여전히 일 속에 있다. 부부가 함께 떠나는 여행이지만 마음속에 부담이 남아 있다.

우리 또래의 신혼여행은 대개 부모님이 주는 커다란 선물이었다. 그동안 잘 자라줬고, 앞으로 가정을 이뤄 자식 낳고 잘 살라는 자식에 대한 선물이자 축복이었다. 쉰혼여행은 조금 의미가 다른 것 같다. 그동안 애 낳고 키우고, 집 장만 하느라 고생한 것을 부부간에 서로 위로하고, 앞으로 힘내서 다시 출발하자는 격려의 의미가 담긴 여행이리라. 에펠탑의 야경, 융프라우의 설경, 베네치아의 곤돌라가 무거운 삶의 그림자를 조금이나마 걷어낸다.

신혼여행에 첫날밤이 있다면 쉰혼여행에는 천날 밤이 있다. 천날 밤이라니까 세어봤냐는 사람들이 있다. 직접 세보는 사람도 있다. 1년이 대략 50주에, 20년 결혼생활이면 일주일에 몇 번이 어쩌고저쩌고. 그보다 많다느니 적다느니 구시렁구시렁. 행동보다는 말이 많은 나이가 되어가나 보다. 우리가 잘 아는 《아라비안나이트》가 《천일야화》다. 천날 밤 동안 풀어낸 이야기 꾸러미다. 쉰혼여행의 밤은 몸도 피곤하고 도란도란 할 얘기도 많다. 《아라비안나이트》의 천날 밤처럼.

추신: 유럽에서 귀국한 지 일주일 뒤 나는 속초에 와 있다. 3개월로 예상했던 유럽여행의 약효가 귀국과 동시에 소멸됐다. 역시나 쉰혼여행은 신혼여행과 다르다.

인생은 숨은그림찾기

아직도 멀었다. 인생 오십이면 지천명이라 했는데, 인생이 뭔지 잘 모르겠다. 하늘의 뜻을 알기는커녕 인생의 퍼즐을 맞추기도 쉽지 않다. 새로운 상황이 생기고 기회와 함정이 비슷한 모습으로 다가온다. 위험과 기회는 늘 함께 있다는 사실을 안다. 그러나 우리 나이 때는 기회보다 위험이 더 많다. 위험 속에 기회가 숨어 있다는 게 그나마 다행이다.

2015년 4월 10일. 서울시 별정직 공무원이 된 날이다. 우리 나이로 쉰넷. 친구들은 명퇴니 사업이니 하고 있는 가운데 '월급'을 받는 새로운 일자리를 갖게 됐다. 박원순 서울시장의 정무수석비서로 임명됐다.

조직에 얽매이지 않는 자유로운 삶을 모색하고 있었다. 아시아경제신문 대기자 겸 세종본부장으로 세종시에 내려간 이유도 삶의 소용돌이에서 한 발 벗어나기 위해서였다. 서울로 오라는 회사의 제안이 부담스럽기도 했다. 새로운 삶을 설계하면서 책 출간을 준비하고 방송을 진행하는 선후배도 만났다. 그러던 차에 벗에게서 연락이 왔다. 박원순 서울시장이 정무수석을 구하고 있다며 해볼 의향이 있냐고 물었다. 책을 쓰고 방송을 해서는 먹고살기 힘들다며 제안을 받아들이라고 권한다.

망설였다. 서울시장 정무수석비서는 서울시와 시민, 시의회, 국회, 언론과의 가교 역할을 담당한다. 또 정무적 관점에서 주요 정책을 조정할 수 있다. 각종 현안에 촉각을 세우고 대응해야 하는 중요한 자리다. 세상에서 한 발 비껴 있는 여유로운 삶을 꿈꾸고 있는데 휘몰아치는 소용돌이의 중심으로 들어오라는 제의다. 새로운 일에 대한 도전이 버겁게 느껴지기도 했다. 무엇이든 도전을 두려워하지 않았는데, 나이를 먹긴 먹었나 보다. 학창 시절엔 전두환 군사정권과 싸우다 강제징집도 당했었다. 후배들과 함께 인터넷미디어(이데일리)도 만들었다. 국회의원 선거도 네 번이나 도전했지만 모두 경선 문턱을 넘지 못했다.

인생은 성공한 인생과 실패한 인생으로만 나뉘지는 않는다. 도전이 성공하지 못했다고 실패한 인생은 아니라며 스스로 위로하면서 살았다. 그래도 많이 지쳤다. 멋모르고 천방지축으로 나댔다는 생각도 든다. 이제는 도전하는 삶보다는 관조하는 삶을 살고 싶다. 바쁘게 살기보다 여유롭게 살고 싶다. 목표와 명분보다 재미와 행복을 챙길 생각이다.

"추천해줘서 고마워, 하지만 생각 없어, 잘할 자신도 없고." 거절했다. 바로 옆에는 아내가 있었다. 상대는 나의 대답에 조금 당혹스러워하는 반응이다. 좋은 자리인데 거절한다는 투로 얘기한다. "잘할 수 있어. 새로운 기회를 잡을 수도 있고." 아내는 전화기에서 흘러나오는 상대의 설득을 귀담아듣는다. 아내는 답답하다는 표정을 짓는다. 글쓰기를 업으로 삼고 시간 나는 대로 산천을 주유하며 살겠다는 '나의 꿈과 소망'은 아내에게는 '철없는 망상'일 뿐이다. 보통의 아내들이 가장 좋아하는 것은 꼬박꼬박 나오는 월급봉투다. 내 아내도 예외는 아닐 터. 몇몇 선후배들과 상의했다. "박 시장은 좋은 분이다. 가서 함께 일해라. 너에게도 새로운 기회다." 다들 나의 '망상'을 질타하며 새로운 도전을 권했다. 결국 이력서를 보냈다.

"시장님과 한번 봐야 합니다. 최종적으로 확정된 게 아니고 다른 분이 임명될 수도 있습니다. 그런 전제로 날을 잡아도 되나요?" 시간이 지난 뒤 연락이 왔다. 퍼뜩 정신이 들었다. 유비의 '삼고초려'의 대상이 아니었다. 제갈공명도 아니고 그냥 후보자의 한 명일 뿐이었다. 애써 비운 마음속에 새로운 꿈을 다시 채웠는데 안 될 수도 있다니……. 의욕이 너무 앞서면 마음만 상한다. "예. 그러시죠. 저도 마음을 확정한 건 아닙니다."

박원순 시장과 개인적으로 특별한 인연은 없었다. 2011년 서울시장 보궐선거 때 서울 은평구에서 돕고, 정책특보 명함을 받은 게 전부였다. 행사장에서 여러 번 마주친 적은 있다. "우리 전에 본 적이 있죠? 낯이 익어요. 당장 나오세요. 같이 일합시다."

시청에 들어간 지 100일이 지나서야 약속했던 원고를 마감하기 시작했다. 정말 쏜살같이 시간이 흘렀다. 교통요금 인상 결정부터, 서울역 고가를 중심으로 서울역 일대를 재생하는 서울역 7017 프로젝트를 거쳐, 메르스까지 대형 현안이 연이어 터졌다. 박원순 시장이 중국 관광객 유치를 위해 중국

방문에 나선 주간에 여름휴가를 냈다.

여의도 공원을 수천 번은 돌았을 것이다. 기자 때부터 여의
도에 10년 이상 직장이 있었고, 걷기를 좋아해 틈나는 대로 공
원을 돌았다. 같은 곳을 돌아도 신기하게 가끔씩 뭔가 새로운
게 눈에 띈다. 자세히 보면 오래전부터 있던 것들이다. 벤치며
나무며 꽃들이 그렇다. 눈에는 들어왔지만 마음이 보지 못했
기 때문이다. 문득 인생은 숨은그림찾기라는 생각이 든다.

강변을 따라 그늘 속을 걸으면서 흐르는 물을 구경하고 있
었는데, 어느덧 물살이 거세고 소용돌이가 휘몰아치는 강물
속에 들어와 있다. 손에 쥔 것을 놓고 빈손이 됐나 했는데, 말
고삐를 잡은 처지가 됐다. 마음을 비우려 했는데 새로운 꿈으
로 마음을 채워야 한다.

내 인생의 다음 모퉁이에는 어떤 그림이 숨어 있을까?

2015년 가을
최창환